Ellen Alpsten
Colours of Africa

5 4 3 2 1
ISBN 978-3-649-61703-7
© 2014 Coppenrath Verlag GmbH & Co. KG, Hafenweg 30, 48155 Münster
Alle Rechte vorbehalten, auch auszugsweise
Text: Ellen Alpsten
Umschlaggestaltung: Anna Schwarz, unter Verwendung
eines Bildes von © Seita/www.shutterstock.com
Lektorat: Sara Mehring
Satz: Sabine Conrad, Rosbach
Printed in Germany
www.coppenrath.de

Das @book erscheint unter der ISBN 978-3-649-62024-2

Ellen Alpsten

COLOURS OF AFRICA

COPPENRATH

*»Colours of Africa« ist die wahre Geschichte einer wahren Reise,
die sich aus vielen Geschichten und vielen Reisen zusammensetzt –
doch nichts davon hat sich genauso zugetragen.*

*Dieses Buch ist für John und seine Millionen
von Brüdern und Schwestern.*

TRÄUME SIND SCHÄUME

Ava griff in die kiloschwere, elfenbeinfarbene Seide ihres Kleides, für die Millionen von Raupen um ihr Leben gesponnen hatten. Der Himmel füllte sich mit Regenbogenfarben, die wie Eiscreme ineinanderliefen. Vanille, Pistazie und Erdbeere tropften auf die Straßen. Ava streckte den Kopf aus dem Fenster und die Zunge raus und kostete davon – hmmm, wie gut! Die Sonne glänzte wie die zur Feier dieses Tages frisch geprägten Münzen. Als Ava vor der großen Kathedrale aus dem von Mäusen gezogenen Kürbis stieg, halfen die fünfzig Pagen und fünfzig Blumenmädchen ihr voran. Ein riesiges Tor schwang vor ihr auf und sie ging den langen Gang inmitten des Kirchenschiffs ganz allein hinunter. Schritt für Schritt, ihrem großartigen Schicksal entgegen. Eine Premiere für eine königliche Braut. Ava kannte ihren Vater nicht und ihre Mutter saß vorn am Altar, der Königin gegenüber. Sie trug einen Hut, so groß wie ein Wagenrad. Ava spürte den Neid der anderen Mütter, die ebenfalls schöne Töchter hatten, wie Nadelstiche auf ihrer Haut. Sie alle wandten ihr die Köpfe zu: fauchende Tiger, spuckende Schlangen, Skorpione, zum Stich bereit.

Als Ava ihren Bräutigam so blond und stattlich in seiner

roten Gala-Uniform am Altar stehen sah, ging ihr Atem doch etwas rascher. Wie lange hatte sie auf diesen Augenblick gewartet? Ewig. Nun war er da.

Der Erzbischof lächelte ihr ermutigend zu, als sie nebeneinander vor ihm niederknieten. Blut tropfte dabei von seinen Eckzähnen, spitz wie die von Graf Dracula.

»Ja, ich will …« Der Prinz und Ava murmelten ihren Treueschwur, der im Aufbrausen der Orgel ertrank: *School's out, forever!*, tönte die Musik über den Jubel und das Geschrei der Menge hinweg. Ava schloss kurz wie geblendet die Augen, so grell waren die Blitzlichter, doch dann fasste sie sich: Sie trat auf den Laufsteg, der sich nun vor ihr ausbreitete, und sie riss sich das Brautkleid herunter. RATSCH, hallte es durch das Kirchenschiff. Und dann lief sie los, einfach so, Hüften wackelnd, Blick geradeaus, in einem winzigen Kleid aus goldenen Pailletten, mitten in das Feuer der Kameras hinein.

School's out, forever! Die Musik heulte wie ein Sturm. Der Rhythmus kam Ava-Top-Model gerade ganz gelegen. Sie war cool. Sie war großartig. Sie überragte alle anderen Mädchen um zehn Meter. Sie wurden kleiner und kleiner, so, als liefe Ava auf Stelzen. Verwirrt wandte sie den Blick wieder nach vorn. Wohin lief sie? Karten vermischten sich in ihrem Kopf. Mailand, New York, Paris, London wurden zu einem bunten Wirbel. Das Kaleidoskop der Städte wartete am anderen Ende des Laufstegs auf sie, wie ein Strudel, der sie ansog. Sie konnte sich nicht dagegen wehren, ihre Stelzen stakstenwie von selbst darauf zu.

Ava kam dem sich drehenden Wust aus Farben und Städten näher und näher und sah plötzlich, dass sie auf ein mit Klingen besetztes Rad zusteuerte. Alles in ihr wehrte sich, aber: nicht schreien, nicht nach rechts und links schauen. Immer geradeaus!

»*Move it, Baby!*«, riefen die Fotografen.

Nein, Ava fühlte sich vor Angst erstarrt, als der Wirbel sie ergriff, ihre Stelzen zermalmt wurden und die Musik dröhnend ihre Ohren füllte: »*School's out, forever!*«, gellte es aus den Lautsprechern ...

ALLE, NUR ICH NICHT!

Ava schreckte auf. *BIEB, Bieb*, machte ihr Laptop, der aufgeklappt neben ihrem Bett auf dem Boden stand. Sie musste noch einmal eingeschlafen sein – schon zum dritten Mal an diesem Tag. *BIEB, Bieb*. Jemand rief sie über Skype an! Endlich tat sich mal was.

Ava blinzelte in den warmen August-Sonnenschein. Es war der erste sonnige Tag nach wochenlangem Regen, doch die gelbe Sau am Himmel konnte ganz schön nerven! Beinahe fünf Uhr nachmittags, verriet ihr ein Blick auf den altmodischen Wecker, der auf ihrem Nachttisch stand. *BIEB, Bieb!*

Jajajajaja ... JA! Ava streckte sich nach dem Computer, zog ihn zu sich und sah auf den Bildschirm. *Camille ruft an*, sagte die Skype-Anzeige.

Avas Herz machte einen kleinen Sprung. Sie hatte schon lange nichts mehr von ihrer Freundin Camille aus Paris gehört. Hatte sie ebenfalls ihr Abitur bestanden? Klar hatte sie das! Camille war immer eine Musterschülerin gewesen. Aber eben dennoch cool. Sie hatte stets das gemacht, was sie wirklich wollte – gegen alle Widerstände. Ava drückte auf *Antworten* und dann schnell auf die Kamera-Taste, obwohl sie aussah wie ein Schwein: Haare ungekämmt, Pickel am Kinn, Zähne nicht geputzt. Machte nichts. Das musste eine Freundschaft aushalten.

»*Oui, Camille?*«, sagte sie.

»Ava, super, dass du da bist! Regnet es bei euch?«

Ava warf einen Blick aus dem Fenster, in den strahlend blauen Himmel. Affenhitze herrschte, zum ersten Mal seit Wochen. »Ausnahmsweise nicht, wieso?«

»Na, weil du mitten am Tag so zu erreichen bist. Solltest du nicht zum Baden am See sein?«

»Hm. Vielleicht. Wir waren gestern Nacht noch lange aus«, – eine glatte Lüge, denn sie hatte bis in die frühen Morgenstunden DVDs auf ihrem Computer geschaut –, »und mir tun vom Tanzen alle Muskeln weh. Ich werde halt alt.«

»Ava!«, lachte Camille, und Ava fiel auf, wie gut ihre Freundin aussah. Sie trug ein kleines weißes Hängekleid und hatte sich die dunkelblonden Haare zu losen Zöpfen um den Kopf geschlungen, was ganz süß aussah.

»Aber warum bist *du* denn zu Hause vor dem Computer, Camille? Solltest du nicht auf dem Land bei deinen Großeltern sein?« In Paris waren immer alle auf dem Land, à *la campagne*, sobald nur ein Wochenende oder eben die großen Ferien nahten.

»Sollte ich. Aber ich wollte hier sein, wenn der Brief kommt.«

Ava schwante Übles. Nein, nicht auch noch Camille! Verräterin. Sie vertrieb den Gedanken und lächelte tapfer in die Kamera ihres Laptops.

»Welcher Brief denn?« Ihre Stimme klang rau. Sie versuchte zu schlucken und bereitete ihr Gesicht auf einen Ausdruck freudiger Anteilnahme vor, obwohl sie am liebsten Galle gespuckt hätte. Das ging nicht speziell gegen Camille, sondern einfach gegen alle und alles.

Camille presste ein Papier gegen die Kamera ihres Computers, sodass alles sich in einen weißen Nebel hüllte, und kreischte plötzlich los: »Ich hab's geschafft!! Ich bin angenommen! Ich werde Medizin studieren! Aaaaah!«

Ava fiel kameradschaftlich in ihr Kreischen mit ein. Alles andere wäre grenzwertig asozial und unverzeihlich gewesen.

»*Félicitations, Camille!*«, sagte sie und es klang echt. Fand Ava zumindest. Ganz herzlichen Glückwunsch. Die Worte schmeckten sauer wie Sodbrennen.

Camille zog den Brief von der Kamera weg, sprang auf und drehte eine Pirouette. Dann ließ sie sich wieder lachend auf ihren Platz plumpsen. »Dir wollte ich es als Erste sagen. Und jetzt kann ich Koffer packen und zu meinen Großeltern aufs Land fahren. Das Leben geht los, Ava, ist das nicht fantastisch?!«

»Ja, ganz fantastisch«, knurrte Ava.

»Was machst du denn jetzt?«

»Wie bitte …?« Ava klickte mehrere Male auf den Kamerabutton auf ihrem Bildschirm. Ein. Aus. Ein. Aus.

Camille zwinkerte irritiert. »Was du denn jetzt machst? Außer die Nacht durchfeiern, meine ich …«

Ava klickt noch ein paar Mal herum. Das Bild verzerrte sich

und kriegte sich nicht wieder ein. »Camille, die Verbindung wird so schlecht ... ich kann dich kaum hören.«

»*Ich* kann dich super hören. Als ob du hier neben mir in *Montparnasse* in einem Café säßest ...«

»Camille? Hallo, Camille ...?« Ava drückte nun diskret auf den »Auflegen«-Knopf.

Das musste ihre Freundschaft schon mal ertragen. Der Bildschirm wurde dunkel und still. Endlich. Ava ließ sich auf ihr zerknautschtes und nicht mehr ganz frisches Kissen fallen. Sie schnupperte daran und verzog angewidert das Gesicht. An den letzten Abenden war sie vor dem Einschlafen immer zu faul gewesen, sich abzuschminken – und das rächte sich jetzt! Seitdem sie 18 geworden war, hatte sich ihre Mutter schlicht geweigert, weiterhin auch nur einen Finger in Avas Zimmer krummzumachen und hatte sogar der Putzfrau verboten, es zu betreten.

Ava schloss die Augen. Als sie sie nach ein, zwei Atemzügen wieder öffnete, war die Lage um sie herum unverändert deprimierend. Neben ihrem Bett lag aufgeschlagen ein buntes Klatschblatt, aus dem ihr eine bezaubernde Kate Middleton entgegenstrahlte – von *Waity Katie* zur Prinzessin, verdammt nochmal, hatte die ein Glück! Auf der anderen Seite kommentierte Heidi Klum in drei Spalten Herbstmode von den Laufstegen der Welt. Die Models auf den Fotos waren klapperdürre Freaks, die auch in einem Müllsack gut aussähen.

Ava ließ den Blick weiter durch den Raum schweifen. Unter einem vor einigen Wochen angefangenen Roman lugte ihr

Strickzeug hervor. Eine Masche rechts, drei fallen lassen, zwei links, irgendwie so oder eben andersherum. Das wollige, löchrige Ding, das dabei herausgekommen war, hatte nichts mit der Abbildung gemein, die ihr eine Klassenkameradin zugesteckt hatte. »Du solltest mal sehen, wie glücklich es macht, etwas zu erschaffen!«, hatte die Kuh dabei geflötet. Weiter hinten im Zimmer lagen Berge von schmutzigen Kleidern, Kopfhörer, Stiefel, zerknüllte McDonalds-Tüten, hochhackige Schuhe. Ein unangenehmer Geruch stieg ihr in die Nase. Das musste die Maske sein, die sie sich vor zwei Tagen aus Avocadomus und Mandelöl angerührt hatte. Sie griff nach der Schale auf ihrem Nachttisch und warf einen vorsichtigen Blick hinein. *Beurgh.* Das sah mittlerweile aus wie Hundekacke. Und groß geholfen hatte es auch nichts. Der Pickel auf ihrer Nasenspitze war noch immer leuchtend rot, und um ihn herum juckte es, als bekäme er gerade Kinder und Kindeskinder.

Ava schob die Schale schnell von sich, drehte sich zur Wand und krümmte sich wie ein Fötus zusammen.

Alles war so grässlich. Sie hatte Abitur gemacht. »*School's out, forever*«, hatte die Schulband ins Mikrofon geheult und Ava hatte mit den anderen aus ihrer Stufe bis morgens gefeiert – sogar mit den Leuten, mit denen sie während der restlichen Schulzeit quasi gar nichts zu tun gehabt hatte. Alles schien möglich, sie waren endlich frei!

Dann, am nächsten Morgen, dem ersten Tag dieser Freiheit, hatte sich ein Loch aufgetan und sie verschluckt, einfach so. Es fühlte sich an wie ein langer Schlund, dessen Inneres mit fünf Reihen von Zähnen, so spitz wie Dornen, besetzt war. Der Schlund führte zu einem von vier Mägen, der sie knackte und bis in alle Ewigkeit wiederkäuen würde. Es war wie in Dantes Inferno.

Ava wälzte sich auf die andere Seite und stieß einen langen Seufzer aus. Da klingelte ihr Handy.

Mogens, sagte die Anzeige, und sein Bild erschien: lächelnd, freundlich und frisch. Mogens war mal ihr Freund, mal war er nicht ihr Freund, aber immer auf Armeslänge Abstand. Meistens nicht *ihr* Freund, sondern eben nur *ein* Freund.

»Ja?«, knurrte Ava. Bei Mogens konnte sie sich fast alles erlauben, was schon mal ganz schlecht war. Wenn er ihr sagen würde, dass sie sich zusammenreißen solle, würde es sicher viel besser zwischen ihnen laufen.

»Hey, gut, dass ich dich erreiche. Wo bist du denn unterwegs?«

»Ich bin auf der Post und gebe gerade zehn Anträge für ein Stipendium in Harvard ab«, sagte Ava mit bitterer Ironie.

»Oh ... Musst du noch lange anstehen?«

Ava biss sich auf die Lippen. Hinter Mogens hörte sie Hupen, Stimmen, Lachen. Sie seufzte. Eigentlich war Mogens echt clever – aber manchmal kapierte er einfach nichts. »Ich mache nur Spaß, Mogens. Ich bin daheim und liege noch im Bett. Und du?«

Sie hörte seine kurze erstaunte Pause, aber seine Stimme klang neutral, als er sagte: »Ich bin in München. Hab eine Wohnung gefunden. Mein Vater kennt da jemanden, der jemanden kennt ... Ein Zimmer, Küche, Bad in der Türkenstraße. Da muss ich aus dem Bett nur in den Hörsaal fallen.«

Mogens hatte mit seinem Einser-Abitur sofort einen Studienplatz in Jura bekommen, noch dazu in München. Avas Abschluss dagegen bewegte sich in der Drei-Komma-noch-was-Zone, die man am besten totschwieg. Sie hatte sich für all ihre Wunschfächer nur Absagen eingehandelt – von Kulturmanagement bis Modedesign, von London bis Wien. Obwohl, halt, aus London hatte sie nichts gehört, was ihr noch schlimmer und beleidigender als eine Absage erschien. Bei anderen Schulen hatte sie den Abgabetermin für die Mappe verpasst, wofür sie leider die Schuld auf niemand anderen schieben konnte. Es war einfach zu frustrierend.

»Klasse, Mogens«, würgte sie hervor. »Da hast du ja Schwein gehabt.«

»Ich muss auflegen, Ava. Da kommt mein Alter mit dem Vermieter. Wir müssen unterschreiben. Wollen wir heute Abend was unternehmen?«

»Gern. Hol mich ab. So um neun, okay?«

Bis dahin konnte sie ihren Pickel mit Make-up besiegen und ihren inneren Schweinehund an die Kette legen. Was ihn für gewöhnlich nur noch bissiger und schärfer machte. Sie legte auf und im selben Moment klopfte es an ihre Zimmertür. Ehe Ava »Herein« sagen konnte, stand ihre Mutter schon an ihrem Bett. Das ging hier ja zu wie im Taubenschlag, dachte Ava und blinzelte zu ihrer Mutter hoch, die gerade die Arme in die Hüften stemmte.

»Ava! Du liegst ja immer noch im Bett. Was soll denn das werden, wenn es fertig ist? Ein *Lie-in* zum Protest gegen den Hunger in der Welt?«

Ava streckte und reckte sich, ehe sie gewaltig gähnte. Nach all den Jahren wusste sie genau, wie sie ihre Mutter auf die Palme bringen konnte.

»Nein. Das ist moderne Kunst. Ein Statement, wie lange man es ohne jeglichen Komfort im Bett aushalten kann.«

»Soso. Ohne jeglichen Komfort. Nur mit Laptop und iPhone auf einer einsamen Insel gestrandet, was?«

»Hmpf«, grunzte Ava nur.

Ihre Mutter seufzte. »Ich in deinem Alter…«, begann sie, doch Ava legte sich die Hände auf die Ohren und schüttelte flehend den Kopf.

Ja, ja, JA! In ihrem Alter hatte ihre Mutter das Abitur an der Abendschule nachgemacht, während sie tagsüber als Friseuse im Salon von Avas Großvater gearbeitet hatte. Der Säugling Ava hatte meist schon geschlafen, wenn ihre Mutter noch gesessen und gebüffelt hatte. Heute war sie Architektin und hatte in ihrem Büro auf der feinen Augsburger Maximilianstraße an die zehn andere Architekten unter sich.

Energisch zog ihre Mutter nun Ava die Hände vom Gesicht weg. »Ava. Steh bitte auf. Meine Freundin Eva kommt doch heute Abend. Sie dreht in München und fährt extra zu uns.«

»Sie dreht?« Ava riss die Augen auf. »Woran? Am Rad?«

»Das machst nur du, habe ich den Eindruck«, schnaubte ihre Mutter. »Mein Gott, deine Ohren sind wirklich auf Durchzug geschaltet, was? Ich habe dir schon zehnmal gesagt, dass Eva heute vorbeischaut. Du kennst sie doch von ihrem Besuch vor ein paar Jahren.«

»Hm. Kann schon sein …«, murmelte Ava. Natürlich erinnerte sie sich genau an Eva. Das wollte sie nur nicht zugeben. *Eva Born* – Mamas erfolgreiche Schauspieler-Freundin aus München. Die beiden hatten sich während des Studiums kennengelernt und inzwischen flimmerte Eva ständig mit irgendeiner Serie oder TV-Adaption eines englischen Bestsellers über den Bildschirm. Noch so ein glänzender Erfolg – einfach ätzend!

Avas Mutter redete weiter: »Egal. Sie kommt zum Grillen und ich habe sie seit fast drei Jahren nicht mehr gesehen. Bitte steh jetzt auf und sei einigermaßen präsentabel, ja?«

»Ich gehe heute Abend aber aus. Mit Mogens«, sagte Ava trotzig.

»Kann Mogens nicht zu uns kommen? Dann kann er sich auch um den Grill kümmern.«

Ha! Ihre Mutter mochte noch so harmlos lächeln, sie wusste genau, wie sie ihren Willen bekam, das musste Ava ihr lassen. Nichts verführte einen Mann mehr als die Aussicht, mit Feuer spielen zu können. Mit *richtigem* Feuer. Dann ging der Neandertaler in ihm durch.

»Okay«, seufzte Ava. Kämpfen war sinnlos.

»Also, bitte, steh auf und geh duschen. Du stinkst! Danach kannst du mir helfen, die Salate vorzubereiten. Ich versuche mich an einem neuen Rezept.«

»Komme gleich«, knurrte Ava und zog sich die Bettdecke wieder über den Kopf. Wie gut das Dunkel und die Stille taten. Die Energie und die Tatkraft ihrer Mutter fühlten sich an wie ein feindliches Magnetfeld. Doch ihre Mutter riss Ava die Bettdecke weg.

»JETZT, Ava. Und wenn ich jetzt sage, dann meine ich auch *jetzt*, okay? Oder ich sperre dir das Internet.«

Das zog. Ava sprang auf, bedachte ihre Mutter noch mit einem giftigen Blick, stapfte ins Badezimmer und schlug die Tür hinter sich zu. Dann schnupperte sie vorsichtig an ihrer Achselhöhle. Sie stank wirklich. Kraftlos stützte sie sich auf das Waschbecken und studierte ihr deprimierendes Spiegelbild.

Was willst du denn mal werden, wenn du groß bist?, hatten sämtliche alten Tanten sie früher gefragt. Ava hatte sich dann wie ein Insekt unter dem Mikroskop gefühlt, das von einem riesengroßen Tanten-Auge inspiziert wurde, dessen Wimpern wie Spinnenbeine von zu viel Mascara verklebt waren. Sie hatte sich dann die tollsten Antworten ausgedacht: Abenteurerin. Astronautin. Königin. Filmstar. Forscherin. Sahne-Schlägerin. Meist hatte sie dafür nur ein müdes Lächeln geerntet. *Ach ja, Kind, in deinem Alter hat man noch Träume,* sagte dann meist der mitleidige Ausdruck der verklumpt-verklebten Tanten-Augen hinter dem Mikroskop.

Aber jetzt, umgeben von Abitur-Überfliegern, Self-made-Mutter-Architektinnen und international bekannten Schauspielerinnen, wurde sie bald nur noch eines:

Nämlich verrückt.

Kennst du Kenia?

»Eva!«

»Claudia!«

Die beiden Frauen fielen sich in die Arme, und Ava versuchte, die Natur ihrer Begrüßung zu bewerten. *Star küsst Ente?*, oder *Star küsst Star?* Ganz klar Letzteres! Avas Mutter trug mit Glitzersteinen besetzte Flip-Flops zu einer weißen Leinenhose und einem schmalen schwarzen Top und Eva war todschick in ihrem engen roten Kleid zu Sandalen mit Keilabsätzen.

Ava griff missmutig in die Falten ihres wallenden Maxikleides: Sie hatte nur mit einer Diät aus Bananensaft und in Honig getauchten Walnüssen fürs Abitur pauken können, weshalb ihr jetzt keine Jeans mehr passte. Ihr Blick traf den von Mogens, der über dem Weber-Grill schwitzte und in diesem Moment vom Wind eine ordentliche Portion Rauch ins Gesicht geblasen bekam. Er hustete, wedelte mit der Hand und grinste Ava dennoch ermutigend an. Sie lächelte dankbar zurück. Mogens war keine Supernova an Schmetterlingen in ihrem Bauch – war es nie gewesen und würde es nie sein. Aber es war so gut, ihn in ihrem Leben zu haben. Und er war immer da. Nur für sie. Wenn er schon nicht Mr. Perfect war, dann war er doch Mr. Gerade-ganz-okay. So jemanden, entschied Ava, brauchte man in seinem Leben.

»Das ist Ava. Erinnerst du dich an sie?«, sagte ihre Mutter und zog Ava an sich.

Gib der Tante Eva die Hand, aber die schöne bitte!, dachte Ava zickig, doch Eva strahlte sie an, umarmte sie, und Ava spürte, wie ihr ein Kuss auf jede Wange gedrückt wurde.

»Natürlich erinnere ich mich! Als wir uns das letzte Mal gesehen haben, warst du allerdings 15 und sehr schlecht gelaunt«, sagte Eva mit einer heiseren sexy Stimme.

An der schlechten Laune hat sich nichts geändert, dachte Ava und hob gleichgültig die Schultern. Doch Eva sprach unbeirrt weiter: »Und jetzt sieh dich mal an. So groß und hübsch. Und das Abitur hast du auch in der Tasche, oder? Super! Ich darf doch noch du sagen? Du kannst mich Eva nennen.«

»Danke, gern«, stammelte Ava etwas verdattert von diesem Wortschwall. »Du hast dich allerdings kein bisschen verändert!«

»Na ja. Es dauert nur jeden Morgen länger, sich kein bisschen zu verändern, aber danke für das Kompliment«, lachte Eva. Sie hatte im Gegensatz zu ihnen allen eine wunderbare Sonnenbräune, wie sie nur der ausgedehnte Aufenthalt an warmer frischer Luft verleiht. Ava fühlte sich in ihrer Gegenwart wie nach einem langen Winterschlaf: Hier hatte es seit dem Abend ihrer Abiturfeier nonstop geregnet. Dies war der erste laue Abend seit Wochen – und das im bayrischen August! Aber Eva sah nicht nur wegen ihrer teuren Kleider und der

Bräune gut aus. Etwas strahlte an ihr, das Ava nicht in Worte fassen konnte. Es kam, so kitschig das klang, von *innen*. Vielleicht könnte sie das eintüten und vermarkten? Das wäre doch mal eine Geschäftsidee.

Eva gab Avas Mutter gerade eine Flasche Prosecco. »Die ist für uns alle. Aber dir habe ich speziell etwas mitgebracht, Ava. Schau: Die Farbe sollte dir stehen!«

Sie reichte Ava ein kleines Paket, das kunterbunt in sehr ethnisch wirkendem Papier eingepackt war. Was konnte das sein? Ava hasste Dritte-Welt-Läden mit ihrem Geruch nach Patschuli und den scheinheilig-weltverbessernden Mienen der Verkäufer, die sie verächtlich ansahen, nur weil sie Absätze trug. Sie riss das Papier auf und öffnete vorsichtig die kleine Schachtel, die sie darin fand. In ihrem Inneren lag eine Kette, die aus metallisch schimmernden roten Kugeln gemacht war. Sah cool aus, entschied Ava. So etwas hatte sie noch nie an jemand anderem gesehen und das war ja das Entscheidende.

»Toll, danke! Was ist denn das für ein Material?«

»Papier«, sagte Eva und nahm ein Glas Prosecco entgegen, in dem eine Erdbeere trieb. Sie trank genießerisch einen Schluck. »Hm. Mit einer Erdbeere im Glas fühle ich mich immer wie Julia Roberts in ›Pretty Woman‹! Albern, oder?«

»Papier?« Ava hielt die Kette prüfend an ihren Ausschnitt. »So sieht das gar nicht aus. Wo hast du sie her?«

»Soll es auch nicht. Die Kette kommt aus Nairobi. Ich habe dort eine kleine Wohltätigkeitsorganisation auf die Beine gestellt, die Kindern und Jugendlichen Kunst und Kreativität nahebringt und ihnen das Dasein erleichtern soll. Später können wir ihnen vielleicht helfen, auch eine Berufsausbildung zu bekommen. Vielleicht. Das ist noch Zukunftsmusik. Wir fangen gerade erst an. Aber ich kann euch sagen, es ist eine Irrsinnsarbeit. Und die Korruption im Land treibt einen zur Verzweiflung. Aber ich gebe nicht auf.«

Ava nippte an ihrem Prosecco und spitzte die Ohren. Vor vier Stunden noch hätte der lässig hingeworfene Satz »Ich habe dort eine kleine Wohltätigkeitsorganisation auf die Beine gestellt« sie zum Erbrechen gebracht. Vielleicht war es Evas Leuchten, das sie zuhören ließ? Avas Herz schlug plötzlich schneller. Das hier *interessierte* sie. Vor ihrem inneren Auge sah sie einen lichtdurchfluteten Raum, in dem kleine schwarze Kinder eifrig bunte Bilder malten. Wenn sie eines liebte, dann Kunst. Obwohl sie seit der letzten Mappe, die von den Professoren der Hochschulen hohnlachend abgelehnt worden war (zumindest stellte Ava es sich so vor), keinen Pinsel oder Stift mehr in die Hand genommen hatte.

»Kennst du Kenia, Ava?«, fragte Eva sie plötzlich.

»Ja, klar«, sagte Ava.

Mogens zog fragend die Augenbrauen hoch und Ava trank schnell noch einen Schluck Prosecco.

Hm. Kannte sie Kenia? Mit ihrer Mutter hatte sie den ICE nach Hamburg genommen, um das Musical »Der König der Löwen« zu sehen. Und den »Ewigen Gärtner« hatte sie gemeinsam mit Mogens ansehen wollen, doch nach dem Fund der verkohlten Leiche von Ralph Fiennes' Frau hatte sie das

Interesse verloren. Was sonst noch? Zahllose Naturfilme im Fernsehen, die sie eher langweilig fand: Löwen und Giraffen sah man auch im Zoo, und sogar noch viel besser. Also schüttelte sie den Kopf. »Oder, eigentlich ... Nein, das kann ich nicht behaupten.«

»Bekomme ich auch was zu trinken?«, nölte Mogens vom Grill aus dazwischen. Er hatte Ruß an der Wange.

»Sorry!«, sagte Avas Mutter und reichte ihm ein Glas, ehe sie den Tisch fertig deckte.

»Was macht ihr denn genau, Eva? Ich meine, bei deiner Wohltätigkeitsorganisation? Wie bist du darauf gekommen?«, fragte Ava.

»Ach ... es klingt nach mehr, als es ist. Ich war vor knapp zwei Jahren zu einem Dreh in Kenia und habe mich mit der Frau, die mir immer den Tee in meinen Trailer brachte, angefreundet. Wir haben irgendwann angefangen, uns zu unterhalten, und schließlich hat sie mich zu sich nach Hause eingeladen.« Eva betrachtete ihr Glas Prosecco, als wäre das sprudelnde Getränk für sie plötzlich ein Fremdkörper. »Mein Fahrer wollte mich erst gar nicht zu der Adresse bringen. Ich musste ihn geradezu dazu zwingen: Kibera, das sagte mir gar nichts. Für mich war das eben ein Viertel in Nairobi wie viele andere.«

»Kibera? Das ist doch da, wo ›Der ewige Gärtner‹ spielt?«, fragte Mogens von hinten und Eva nickte.

»Und, dann?«, hakte Ava gespannt nach.

»Und, dann ...« Eva unterbrach sich wieder und ihre Augen schimmerten plötzlich feucht. »Das lässt sich nicht in Worte fassen, Ava. Kibera ist ein Slum. Sein Name bedeutet so viel wie Wald oder Dschungel. Was Sinn macht. Aber du musst das mit eigenen Augen sehen, Kibera kann niemand wirklich beschreiben.« Sie überlegte kurz, ehe sie weitersprach: »In jedem Fall hat mich die Erinnerung an meinen Besuch dort nicht losgelassen. Und so habe ich Kontakt mit einer Schule in Kibera aufgenommen. Vor gut einem Jahr haben wir dann die ersten Wochenendkurse in ihren Räumen veranstalten können. Jetzt arbeiten wir schon an vier Schulen. Das Schwierigste ist allerdings, hier genug Spendengelder einzutreiben. Davon kaufen wir Material und so weiter …«

»Was für Material denn?«

»Farben. Stifte. Pinsel. Pappe. Papier. Klebstoff. Einen CD-Spieler. Instrumente. Alles, was du zum Malen, Basteln, Schreiben, Tanzen, eben zum künstlerischen Ausdruck, brauchst. Wir haben inzwischen auch damit angefangen, *Creative Writing*, *Storytelling* und Tanzworkshops anzubieten. Die Ortskräfte müssen wir natürlich bezahlen, wir haben zwei Autos gekauft und haben neben einigen Volontären einen sehr guten Direktor vor Ort.«

Ava schluckte. Sie hatte immer Künstlerin werden wollen. Jede ihrer Handtaschen musste groß genug sein, damit auch ihr Skizzenbuch hineinpasste. Evas Idee war klasse: Sie brachte nicht nur Kindern Kunst nahe, sondern tat auch noch etwas Gutes, half ihnen, im Leben zurechtzukommen.

Eva redete weiter: »Die Menschen dort sind unglaublich geschickt: Nichts geht verloren, nichts wird verschwendet. Aus alten Autoreifen machen sie Sandalen, aus Zeitung dann eben Halsketten, und alles wird bemalt und eben irgendwie noch einmal brauchbar gemacht. Nur dahinter steckt natürlich immer der Kampf ums Überleben. Meine Organisation aber will ihnen etwas anderes geben, nämlich Leichtigkeit und Ausdruck. Farbe. Ich will ihren Seelen einen Augenblick lang Pause gönnen und sie fliegen lassen. Man muss das mit eigenen Augen sehen, um mein Gefühl zu verstehen …«

»Wow«, sagte Mogens. »Respekt.« Er griff selber nach dem Prosecco und füllte sein Glas wieder auf.

»Das möchte ich auch gern«, platzte Ava heraus.

»Was möchtest du gern?«, fragte Eva.

Ava zuckte mit den Schultern. »Es mit eigenen Augen sehen. Kibera. Und deine Organisation. Wie heißt sie?«

»Farbe zum Mut«, erwiderte Eva und musterte Ava nachdenklich. Diese wurde nervös. Wurde sie gewogen und für zu leicht befunden?

»Meinst du das ernst, Ava?«, fragte Eva nach einer kurzen Pause.

»Hm. Ja. Irgendwie schon«, sagte Ava. Ihre Haut prickelte, und ihr wurde heiß unter dem Pferdeschwanz, den sie sich nachlässig gebunden hatte. Etwas geschah! Genau in diesem Moment. Und dann auch noch etwas so – Besonderes. Aber hatte sie den Mut dazu, es geschehen zu lassen? Dem Schicksal durfte man nicht in die Räder greifen. Aber was, wenn es einen überrollte?

»Hast du denn in der kommenden Zeit etwas vor? Hast du

einen Studienplatz oder willst du nach dem Abi erst einmal einige Zeit Pause machen?«, bohrte Eva weiter nach.

Ehe Ava antworten konnte, stotterte Mogens: »Aber, Ava – das ist Kenia! Hast du mal in den Nachrichten zugehört? Die romantischen Tage von ›Jenseits von Afrika‹ sind lang vorbei. Krawalle, Korruption, Gewalt, Anschläge …«

»Es ist alles halb so schlimm, wenn du mal vor Ort bist«, wiegelte Eva ab. »Ich kann Hilfe gebrauchen. Bezahlen kann ich dir allerdings nichts, außer der Unterkunft in einem Schwesternheim. Das Flora Hostel wird von italienischen Nonnen geleitet. Dort wohnen viele Missionare, Mitarbeiter von Hilfsorganisationen und sonstige Leute, die eben nur kürzer in Nairobi sind. Das Haus ist sehr sicher und gut gelegen. Von dort gibt es ein direktes *Matatu* nach Kibera.«

»Was ist ein *Matatu*?«

»Ein Sammeltaxi.«

»Ich weiß nicht …«, sagte Ava. In was geriet sie hier? Wollte sie? Wollte sie nicht? Nein sagen und daheim bleiben war immer einfacher als alles andere. Vor allen Dingen sicherer!

»Bezahlen? Wofür kannst du nichts bezahlen?« Avas Mutter betrat die Terrasse. Sie trug eine Platte mit köstlich aussehenden Tapas und die Schale mit einem Salat aus Feta-Käse, Sonnenblumenkernen und Wassermelone. Ein Rezept, das sie sich bei einer Stippvisite in London in einem Restaurant abgeschaut hatte.

»Für ein Praktikum bei ›Farbe zum Mut‹ in Nairobi. Ava ist vielleicht daran interessiert, mir zu helfen«, antwortete Eva.

Hatte sie das so gesagt? Eva drehte ihr zwar die Worte im Mund herum, aber sie tat das auf die freundlichste Art und Weise. Hatte man so Erfolg?

»Ich …«, hob Ava an, aber ihre Mutter fiel ihr ins Wort.

»Nairobi?«

»Mama …« Ava sah ihre Mutter flehend an. Plötzlich entstand zwischen ihnen eine Spannung, ein Wechselstrom ungesagter Worte, die Avas Herz kribbeln ließen. *Gib mir eine Chance, Mama. Ich bin keine Versagerin. Ich brauche nur eine Atempause, um herauszubekommen, was ich will,* wollte sie am liebsten laut rufen. Ihre Schläfen pochten und ihre Handflächen wurden feucht. *Bitte, Mama. Lass mich ich selbst sein.*

Ihre Mutter biss sich auf die Lippen und ihr Blick tauchte in Avas. *Ich glaube an dich, mein Mädchen,* schien er zu sagen. *Du schaffst das.*

Dann nickte sie langsam. »Das Bezahlen würde ich schon übernehmen, wenn es das ist, was du machen willst.«

Ava umarmte sie heftig. »Ich muss darüber nachdenken, okay?«, sagte sie dennoch. *Vielleicht doch lieber nicht,* flüsterte ihr inneres faules Teufelchen.

»Klar. Mach das, Ava«, mischte Eva sich wieder ein. »Aber wir können wirklich jede Hilfe gebrauchen. Und anfangen kannst du am besten gestern. Bleiben kannst du, solange du willst. Überleg es dir, ja? Solltest du dich dafür entscheiden, kann ich gleich unserem Direktor Bescheid geben, und er leitet dann alles Weitere in die Wege.«

»Natürlich würde Ava ihre Sache gut machen«, sagte Avas

Mutter und Ava glühte. Fühlte sich so Zukunft an? In ihr kribbelte es immer noch. Alles war so unbekannt, unklar. *Vielleicht doch lieber nicht, habe ich gesagt,* schrie ihr inneres faules Teufelchen nun und stampfte erfolgreich mit den hässlichen Hufen auf Avas eben noch knospendem Mut herum.

»Oh Mann, was für ein Unsinn, dieses ganze Gerede von Kenia. Als ob ich dich nach Afrika lassen würde!«, sagte Mogens, als Ava ihn später am Abend zur Tür brachte. Ihre Mutter und Eva saßen noch bei Pralinen und Mokka auf der Terrasse, auf der Windlichter brannten. Drei Flaschen Wein waren leer, eine vierte angebrochen und die beiden kreischten immer wieder vor Lachen über irgendwelche Anekdoten auf. Fetzen ihres Gesprächs drangen zu Ava und Mogens hinüber.

»Hallo? Was soll das denn jetzt?« Ava war entsetzt. Spießiger ging es ja wohl nicht. Was bildete Mogens sich denn ein?

Er zuckte mit den Schultern. »Stimmt doch. Was für ein Hirngespinst. Bewirb dich lieber weiter bei den Kunsthochschulen. Wird schon klappen. Und wir sehen uns dann, sooft es geht, bei mir in München. Das ist schon genug Fahrerei für dich. Afrika. Viel zu weit weg und viel zu gefährlich!« Mogens lachte kurz auf und sah Ava dann an, als wartete er auf ihre Zustimmung.

Ava verschlug es die Sprache. Aus welcher reaktionären Windung seines Hirns hatte Mogens denn diese Ansichten gefischt? Was sagte er als Nächstes? Komm, lass uns lieber gleich heiraten? Allein packst du das sowieso nicht? Zum Kotzen.

Doch Mogens bemerkte ihre Reaktion gar nicht und redete schon weiter. »Ich glaube auch, dass das zu belastend für dich wäre. Du hast doch keine Ahnung davon, wie es da draußen zugeht.«

Ava blieb der Mund offen stehen. So war das also. In ihr begann es zu brodeln. Sah er sie so? SO? Als zukünftiges Muttchen, unfähig, eine Herausforderung anzunehmen, nur weil sie ihr fremd war und in der Fremde lag? Ha! Sie würde es ihm zeigen. Alle Zweifel, die sie eben noch selbst an Evas Angebot gehabt hatte, waren wie fortgeblasen.

»Und ob!«, presste sie hervor.

»Was, und ob?«

»Und ob ich das schaffe! Ich gehe nach Kenia, Mogens. Ich werde bei ›Farbe zum Mut‹ arbeiten …«

»Nein, Ava«, fiel Mogens ihr mit ungewohnter Heftigkeit ins Wort. Etwas kleinlauter fügte er hinzu: »Bitte nicht.«

Jetzt musste sie lachen. Es war entschieden. Ihr war leichter ums Herz und sie ließ sich in diese Entscheidung nicht hereinreden. Von nichts und niemandem. »Nein? Warum denn nicht?«

Mogens zuckte hilflos die Schultern. »Weil es dir nicht gut geht momentan. Du kommst mir verwirrt und zerbrechlich vor. Da ist es am besten, in der Nähe von Menschen zu bleiben, die dich kennen und lieben, statt ans andere Ende der Welt zu fahren.«

Avas Augen füllten sich mit Tränen. »Das stimmt auch, Mogens. Ich *bin* verwirrt. Aber gerade deshalb *muss* ich gehen. Ich kann doch nicht hier sitzen und fett und frustriert werden, weil für alle das Leben losgeht und für mich nicht.« Sie hob ihr Kinn. »Ich muss gehen. Und ich werde gehen!«

In Mogens' Augen flackerte kurz etwas auf. War es Enttäuschung oder sogar Wut? Dann seufzte er und sagte mit leicht distanzierter Stimme: »Tut mir leid, ich bin ein Idiot. Natürlich machst du immer genau das, was du nicht solltest.«

Ava funkelte ihn zornig an. »Was soll das denn nun schon wieder heißen?«

»Nichts«, lenkte Mogens nun ein. »Aber versprich mir, dass du mir sagst, wenn du Hilfe brauchst.«

Avas Wut verrauchte wieder. Mogens konnte einfach nicht aus seiner Haut. »Mach dir keine Sorgen, Mogens. Und jetzt gute Nacht.« Sie legte ihm leicht die Hand auf die Brust und schob ihn weg.

»Was machst du nun noch?«

»Eva Bescheid sagen, dass ich komme. Einen Flug buchen. Mir ›Jenseits von Afrika‹ ansehen.«

»Warum denn das? Das hat doch mit dem Land heute nichts mehr zu tun. Hollywood-Pampe.«

»Woher willst du das denn so genau wissen?« Ava zwinkerte ihm zu. »Außerdem muss ich doch sehen, was ich anziehen soll!« Sie grinste. Auch um ihrem Streit von eben die Schärfe zu nehmen.

»Ach, Ava.« Mogens musste lachen und seine Augen funkelten im warmen Licht der Gartenlaterne, deren Schein sich in die Dunkelheit fraß. So gefiel er Ava schon besser.

Manchmal wünschte sie sich so sehr, die Gefühle für Mogens zu haben, die er verdiente. Aber sie hatte sie einfach nicht. Dann verflog der Gedanke, denn sie musste sich auf Wichtigeres konzentrieren: Sie ging nach Afrika! Himmel hilf, war sie denn von allen guten Geistern verlassen?!

Es war drei Uhr morgens, als Avas Mutter sich das letzte Taschentuch aus der Pappschachtel zog.

»Bescheuerte Idee, sich mitten in der Nacht ›Jenseits von Afrika‹ anzusehen!«, schluchzte sie.

»Du wolltest doch mitgucken«, schniefte Ava und stellte den Fernseher, auf dem gerade der Abspann lief, auf stumm. »Beige Hosen und schöne weiße Hemden habe ich bei H&M gesehen. Und so eine Weste gibt es sicher bei Zara«, überlegte sie dann laut.

»Bist du nicht ein bisschen blass für all das Beige und Weiß? Eva hatte so einen tollen Teint ...«, gab ihre Mutter zu bedenken. »Weißt du was? Wir buchen dir morgen einen *Spraytan*. Sonst siehst du aus wie ausgespuckt, wenn du dort ankommst. Mit etwas Farbe um die Nase fühlst du dich bestimmt gleich viel wohler.«

Ava musste lachen. Manchmal war ihre Mutter echt süß. Jetzt, wo ihr Entschluss feststand, versuchte sie, sie mit aller Macht zu unterstützen – sogar mit einem *Spraytan* ...»Mach das«, sagte sie darum und drückte ihrer Mutter einen Kuss auf die Wange. »Ich geh jetzt schlafen, Mama. Und was machst du noch?«

»Was wohl?« Ihre Mutter angelte nach der Fernbedienung. »Noch einmal zu meiner Lieblingsszene mit Robert Redford und Meryl Streep beim Haarewaschen zurückspulen. Und jetzt lass mich bitte in Ruhe heulen.«

Die Kabine des Sonnenstudios war sehr eng. So eng, dass es Ava kaum gelang, sich diese seltsamen weißen Papierstreifen, die ihr die blondierte Rezeptionistin gereicht hatte, auf die Brustwarzen zu kleben.
Irgendwie fühlte sie sich im Neonlicht dieser Zelle plötzlich a) ausgeliefert und b) weiß und fett. Das hier war schlimmer, als den ersten Bikini der Saison in einer zu engen Kabine anzuprobieren oder sich in eine neue Jeans zu zwängen! Sie beging gerade einen furchtbaren Fehler, begriff sie. Mogens hatte sie unbewusst herausgefordert und sie war darauf eingegangen. Nun war es zu spät, um umzukehren. Da musste sie jetzt durch, im wahrsten Sinne des Wortes.

»Ge-ra-de ste-hen«, schnarrte eine Computerstimme. »Kopf hoch! Ar-me zur Seite!«

»Augenbli…«, flehte Ava, als der erste Farbstrahl sie mit Karacho traf. Sie schnappte nach Luft und versuchte zu blinzeln. Doch umsonst: Die Farbe feuerte auf sie ein und es schmerzte wie tausend Nadelstiche. Die Papierstreifen fielen ihr aus der Hand, und als Ava sich bückte, um halb blind danach zu fischen, bekam sie auch noch etwas von dem Zeugs auf ihre Haare und in die Nasenlöcher. Sie konnte nicht mehr atmen.

»Verdammte Tittensticker«, japste sie und tastete dann nach

der Türklinke, doch die Kabine war von außen zugesperrt. Sie rüttelte daran. Farbe klatschte auf ihren Hintern. Autsch! Das war ein Komplott – Farb-Folter! Und *Spraytan* sollte das Neueste und Beste sein?! Dass sie nicht lachte. Obwohl, lieber nicht, denn sonst bekam sie noch den Mund voll Farbe.

Na warte, ihrer Mutter würde sie da draußen im Shop was erzählen!

»Um-dre-hen« forderte der Computer.

»Okay, okay, ich mach ja schon …« Ava gehorchte mit zitternden Knien. Wieder stachen die Nadeln auf sie ein, aber dieses Mal wenigstens nicht in Mund und Augen. Dann war es vorbei. Ava holte zaghaft Luft. Sie hörte, wie die Kabine automatisch entriegelt wurde, und wickelte sich mit vor Schock zitternden Fingern das Handtuch um die Brust – der Frottee hatte ebenfalls Streifen abbekommen.

Sie fiel mehr auf den Gang, als dass sie ging.

Ihre Mutter sah auf, ließ entsetzt ihre Zeitschrift fallen und schlug sich die Hand vor den Mund. »Mein Gott! Wie siehst du denn aus?«

»So schlimm?«, fragte Ava unglücklich. Ihr war zum Heulen zumute.

Ihre Mutter schüttelte schnell und unehrlich den Kopf, ehe sie mitleidig seufzte: »Also, sagen wir mal so: Auffallen wirst du damit in Kenia nicht. Die perfekte Tarnung: Du siehst aus wie ein Zebra.«

Herr Direktor

Ava hatte gerade zum dritten Mal »Mamma Mia« gesehen: Das war der einzige Film, den Air Kenya tatsächlich anbot, trotz der zehn anderen, die stolz im Programm geführt waren. Seufzend zog sie sich die Stöpsel aus den Ohren und reckte dann neugierig den Hals.

Der Himmel war wolkenlos, und sie hatte freie Sicht, zehntausend Meter nach unten. Wow! Beim Mittagessen hatten sie bereits das Mittelmeer überquert und waren nun über Afrika. Nein, dachte sie: Das musste sie anders sagen. Sie war nun über AFRIKA. Ha, Mogens! Sollte er sich doch ein anderes Heimchen am Herd suchen. Ihr Leben ging ganz woanders los.

Tief unter ihr schlängelte sich der Nil blau-grün und mit zeitloser Geduld durch eine absolute Wüste: ein schmales Band Leben in einer Landschaft, die gerade durch ihre Öde betörend wirkte. Bald mussten sie den Sudan erreichen.

Ava zog ihr iPhone hervor und rief Landkarten auf, auf denen Städtenamen als kleine rote Punkte erschienen. Khartum, Addis Abeba … das waren Namen, denen Magie innewohnte. Städte, die nach Seidenstraße und Tausendundeinem Geheimnis klangen, genauso wie Damaskus oder Sansibar.

Nairobi. Ava drehte das Wort hin und her und war sich nicht sicher. Es stammte aus der Sprache der Massai – das waren diese Krieger mit den roten Tüchern – und bedeutete so viel wie »Raststelle am kühlen Fluss«. Das hatte sie auf Wikipedia gelesen. Irgendwie passte der Name nicht zu den Bildern und den ernüchternden Beschreibungen, die sie sich vor ihrer Abreise im Internet noch angesehen hatte: eine Metropole, die wucherte wie ein Krebsgeschwür, auch wenn ihre Hochhäuser auf den Fotos in der Sonne glitzerten. *Nairobbery*, so wurde die Stadt im Volksmund wegen ihrer hohen Kriminalitätsrate genannt. Da hatte sie lieber auf der Internetseite von »Farbe zum Mut« gesurft. Seite um Seite, Bild um Bild – aufmerksame Kindergesichter beim Malen, Erzählen und Schreiben. Eva in Jeans und Hemd mitten unter ihnen. Berichte von freiwilligen Helfern und sehr, sehr viele Aufrufe für Spenden. Das war bald ihre Welt! Dann musste sie an Kibera denken und an Evas vorsichtige Worte: *Das musst du mit eigenen Augen sehen.* Das würde sie dann wohl. Gleich morgen. Ihr Herz schlug schneller. In diesem Moment kam eine Stewardess vorbei und bot ihr Tee und Kuchen an, doch Ava verneinte. Sie konnte jetzt nichts essen. Ihr Magen war fest verknotet.

In zwei Stunden würde sie landen, so gegen 18.30 Uhr Ortszeit. Dann war es noch hell und sie konnte jede Menge sehen. Wie der örtliche Direktor wohl aussah? Sicher wie Nelson Mandela. An die neunzig Jahre alt, grau meliert und im Nadelstreifenanzug, die Krawatte trotz der Hitze eng gebunden. Eine Autoritätsfigur, durch und durch.

Ava lehnte sich zurück und schloss die Augen. Besser, sie ruhte sich jetzt noch ein bisschen aus, um für die Begegnung mit ihm fit zu sein.

19.00 Uhr. Vor dem Jomo-Kenyatta-Flughafen war es stockdunkel. Ava überprüfte noch einmal die Uhrzeit. Hatte sie sich bei der Zeitverschiebung getäuscht? Nein: In Kenia war es nur zwei Stunden später als in Deutschland. Wie konnte das sein? In Augsburg zeigte sich um diese Uhr- und Jahreszeit gerade das erste Abendrot am Himmel.

Ava saß auf ihrem Koffer und wagte es nicht, sich zu rühren. Sie fror wie ein Schneider in ihrem dunkelbraunen Leinenkleid und der todschicken Taschen-und-Laschen-Weste. Wie kalt war es? Sieben oder acht Grad? Sicher nicht mehr. Durch offene Schlitze in den Wänden des Flughafengebäudes schossen die Schwalben, und in den Türen drückten sich kleine Kinder herum, die neben den Lumpen am Körper – wirklich, sie hatten trotz der Kälte nur riesige zerlöcherte Männer-T-Shirts an – ein breites Grinsen auf dem Gesicht trugen.

Sie ließen Ava nicht aus den Augen, während sie von rechts nach links auf ihrem Koffer herumrutschte. Offenbar sah sie dabei ziemlich komisch aus, denn die Kinder lachten immer wieder laut. Sie waren barfuß, bemerkte Ava, und ihre Zehen und Fußsohlen waren ganz hellrosa.

Zuerst standen, saßen und lungerten noch überall in der Ankunftshalle Menschen, die alle einen mehr oder weniger guten Grund zum Hiersein zu haben schienen. Dann aber leerte sich die Halle von Ankömmlingen. Avas Flugzeug war voller verschüchterter, in engen Gruppen zusammen wandernder Touristen gewesen, die Westen mit noch mehr Laschen und Taschen trugen als Ava selbst. Außerdem waren da noch schwarze Schulkinder, NGO-Mitarbeiter, Bürokraten und sehr, sehr viele Chinesen gewesen.

Wo blieb denn jetzt der Direktor von »Farbe zum Mut«? Ava stand auf und schloss die Finger fest um den Koffergriff. Die Kinder duckten sich kichernd.

»Buh!«, machte Ava und schnitt eine Grimasse.

Da stoben die Kinder vergnügt kreischend auseinander und verschwanden in der Dunkelheit.

Avas Laune sank noch mehr. Sollte sie ihrer Mutter texten? *Bin gut angekommen.* Aber das kam ihr wie eine Lüge vor. Schließlich war sie jetzt, bis auf eine Gruppe junger Männer, die in der Ecke lungerten, allein in der Ankunftshalle. Die Männer trugen riesige dunkle Sonnenbrillen, ihre Baseballkappen tief ins Gesicht gezogen und ihre Jeans hing auf den Hüften. Ava ließ das iPhone lieber stecken. Sie erinnerte sich plötzlich an alle Warnungen über *Nairobbery.*

Die Jungs lümmelten auf den Bänken, aber beobachteten sie ganz offensichtlich durch die verspiegelten Gläser ihrer Sonnenbrillen hindurch. Ava brach plötzlich trotz der Kälte der Schweiß aus. Sie sehnte sich nach ihrem Zimmer in Augsburg, in dessen vier Wänden sie die große Welt da draußen sicher durch den Bildschirm ihres Computers filtern konnte.

Einer der Typen kam nun auf sie zugeschlendert. Er grinste kurz und klimperte mit irgendeinem Schlüssel. »Taxi, Miss?«

Es klang eher wie *Geld her oder Leben* und Ava zuckte zusammen.

»Nein, danke«, sagte sie rau, hob das Kinn und sah angestrengt geradeaus.

Der Typ ließ sich nicht beirren. »Warten Sie auf jemanden?«

»Nein.«

»Was machen Sie dann noch hier?«

Das ging ihn einen Dreck an. Ava drehte ihm den Rücken zu.

Wo war denn nur dieser Direktor? Sie brauchte dringend eine Autoritätsfigur. Jemanden, der sie rettete.

Klatsch, klatsch, klatsch, schlugen da die Sohlen von Flip-Flops auf den Beton-Fußboden. Ava fuhr erleichtert herum. Das musste er sein!

Aber dann sank ihr Herz, denn anstelle des Direktors joggte ein großer breitschultriger Typ auf sie zu. Er war kaum älter als sie und seine blonden lockigen Haare reichten ihm fast bis auf die Schultern. Sein gestreiftes Leinenhemd war zerknittert und stand am Kragen offen, während seine enge Jeans an den Knien aufgerissen war. Der wollte sicher nur seine Freundin hier abholen! Hatte die ein Glück, dachte Ava und fühlte sich plötzlich sehr verlassen.

Aber der Typ steuerte direkt auf sie zu und blieb dann vor ihr stehen.

»Bist du Ava?«

»Ja …?«, sagte sie vorsichtig. Verbrecher gab es hier sicher in allen Variationen! Nur nicht *zu* vertrauensselig sein.

Er nickte ihr grinsend zu. »Entschuldige die Verspätung. Ich heiße Mats Nilsson. Eva hat mir heute Morgen erst getextet, dass du ankommst.«

Heute Morgen! War das die Organisation von »Farbe zum Mut«? Na ja. Besser spät als nie. Nur nicht zu konventionell sein, ermahnte sie sich. Spießig konnte sie in Augsburg sein, aber nicht hier, in der Wildnis!

Dieser Mats streckte ihr die Hand hin und Ava ergriff sie verwirrt. *Er* holte *sie* ab? Wo war der Direktor? Oder war dieser Mats sein Fahrer? Die Antwort auf ihre stumme Frage erhielt sie gleich.

»Ich leite den Verein hier vor Ort. Gib mir deinen Koffer …« Er packte an. »Urgh. Schwer! Was hast du da drin? Steine?«

»Entschuldigung. Sorry …«, murmelte Ava und fühlte sich albern. *Er* war ihr Direktor?! Niemand erinnerte weniger an Nelson Mandela als er. Doch Mats ging ihr schon voran.

»Mach dir nichts draus. Schöne Frauen haben immer schwere Koffer.«

Der Mann mit den Schlüsseln lungerte noch immer in ihrer Nähe herum und stand Mats im Weg. Der sagte kurz und scharf etwas in einer Sprache, die Ava nicht verstand, und der andere verzog sich.

Wow, dachte Ava nun doch beeindruckt. Mats war zwar jung und trug Flip-Flops zur zerfetzten Jeans, aber Autorität hatte er eben doch.

»Komm. Mein Wagen ist draußen.« Er zückte seine Autoschlüssel.

Vor dem Flughafen traf sie die Kälte noch härter: Ava schnappte nach Luft, als ein eisiger Wind über die Straße vor dem Terminal blies. Mats warf sich eine ärmellose gesteppte Weste über, die an den Rändern schon ausfranste. Sie hatte keine Laschen und nur zwei Eingriffstaschen, bemerkte Ava.

»Weshalb ist das denn so kalt? Ich habe für den Sommer gepackt«, maulte sie, als sei an dem Wetter irgendjemand schuld.

»Jetzt ist Regenzeit. Da wird es in Nairobi saukalt. Außerdem liegt die Stadt beinahe 2000 Meter über dem Meeresspiegel. Auf der Höhe hast du bereits etwa ein Viertel des Mount Everest bestiegen. War bei euch denn besseres Wetter? Du siehst aus, als hättest du Sonnenbrand.«

Blöder *Spraytan,* dachte Ava, aber ignorierte seine Frage und den amüsierten Blick. »Ich habe nicht für Kälte gepackt«, murmelte sie stattdessen und kam sich sehr dumm vor. Mats aber lächelte sie an. Was für schöne Zähne er hatte! Gerade und weiß. Er wirkte einfach total natürlich.

»Mach dir wegen Kleidern keine Gedanken. Wenn du was brauchst, dann geh einfach auf *Mutumba*«, sagte er.

»Auf was?«

»*Mutumba.* Die großen Flohmärkte für Klamotten überall. Dort findest du alles zu Spottpreisen. Manchmal sind echte Schnäppchen dabei. Hier, meine Weste ist von Ralph Lauren und ich habe nur einen Euro dafür gezahlt. Deine Weste dagegen lässt du bei Stadtgängen am besten daheim. Typisches Touri-Kleidungsstück. Da kannst du dir auch gleich ein Schild um den Hals hängen, auf dem *Bitte ausrauben!* steht.«

Was war das denn für ein Besserwisser-Typ, dachte Ava gekränkt. Ihre schöne Weste! Und: Designerklamotten auf eBay kaufen war eines, aber auf einem *Flohmarkt* in *Afrika* shoppen gehen? Eher schneite es schwarz.

»Ist es wirklich so schlimm hier?«

»Nein. Schlimmer.« Mats grinste. »Aber man gewöhnt sich daran. Und jetzt: Bitte einsteigen!« Er sperrte einen komplett verbeulten dunkelgrünen Land Rover auf und schubste den fettesten, goldfarbenen Rüden, den Ava je gesehen hatte, auf die Rückbank. »Mach Platz, Solo, wir haben Damenbesuch«, sagte Mats, ehe er schnell beide Vordersitze abklopfte. Wolken von Staub und Hundehaaren stiegen auf.

Der Hund verzog sich mit gekränktem Schnaufen, und Ava hustete, während Mats T-Shirts, leere Cola-Flaschen, einen zerbissenen Schuh und einige alte zerfetzte Magazine zusammenklaubte. »Das sind Solos Spielsachen, während er auf das Auto aufpasst. Und jetzt kann es losgehen.«

Die Straße, die vom Flughafen wegführte, war unbeleuchtet. Nur in letzter Minute tauchten im Licht der Scheinwerfer riesige Schlaglöcher auf, die Mats geschickt umlenkte. Am Straßenrand liefen noch einige Leute, und in den Bäumen, deren Kronen so flach und gestaucht wie Regenschirme wirkten, sah Ava die Schatten ungewöhnlich großer Vögel.

Sie ließ das Fenster hinunter, um die Nachtluft einzusaugen. »Weshalb ist es schon so dunkel? Liegt das auch an der Regenzeit?«, fragte sie, gerade als der Wagen unsanft über einen

Huckel rumpelte. Ava stieß sich den Kopf an der Wagendecke und ihre Füße rutschten von dem großen Farbtopf auf der Fußmatte des Beifahrersitzes. »Autsch!«, rief sie.

»Sorry. Das nächste Mal warne ich dich vor. Nein, Kenia liegt am Äquator. Hier wird es immer abends um halb sechs dunkel und morgens um halb sechs wieder hell. Das ganze Jahr über. Dieses Gleichmaß der Tage macht viele Europäer auch so fertig. Wir sind genetisch auf Jahreszeiten gepolt.«

»Woher kommst du denn – als Europäer, meine ich?«

Mats grinste beinahe verlegen. »Ich bin nur noch theoretisch Europäer. Meine Vorfahren sind Dänen – einer von ihnen leitete sogar mal kurz Karen Blixens Farm. Total neurotisch, die Frau ... Ich bin hier geboren und aufgewachsen und kann mir nicht vorstellen, woanders zu leben. Und jetzt kurble bitte das Fenster hoch, Ava.«

»Warum? Ich atme gern die frische Luft ein, nach dem wiederaufbereiteten Zeugs, das durch die Flugzeugkabine gewirbelt wird. Oder ist jetzt dir zu kalt?« Sie legte lässig den Ellenbogen auf den Türrahmen und spürte den Wind im Haar. Sah sie aus wie ein Filmstar? Sicher. Mats warf ihr einen Seitenblick zu.

»Aber du hast bestimmt auch gern deine beiden Ohren und noch alle Finger, an denen ein Ring steckt. *Car-napping* für Schmuck ist hier große Mode. Die schneiden dir an der roten Ampel schneller, als du schauen kannst, den Finger oder die Ohren ab. Nur wegen irgendeinem Klunker.«

»Oh«, murmelte Ava und kurbelte mit betretenem Gesicht

das Fenster hoch. Diesem Argument gab es nichts entgegenzusetzen. Mats konzentrierte sich wieder auf den auch in der Dunkelheit noch sehr dichten Verkehr. Wagen aller Größe quetschten sich eng beieinander über die Kreuzungen und durch die Kreisverkehre. Große voll besetzte Busse und kleine, bunt bemalte und brechend volle VW-Busse fuhren einfach auf dem Bürgersteig weiter, wenn es ihnen zu dumm wurde. Passagiere hingen dabei zu den Türen hinaus und mussten aufpassen, nicht zerquetscht zu werden. Dreirädrige Suppenküchen bimmelten verzweifelt und Fahrräder und Mopeds schlängelten sich durch das Chaos. Ohrenbetäubendes Hupen füllte die Luft. Entlang der Straße loderten Feuer in alten Blechtonnen und die Flammen verzerrten die Szenen um sie herum ins Geisterhafte. Durch die Lüftung drang ein Geruch nach Grillfleisch, Asche, Benzin, Staub und Schweiß in den Wagen.

Für Ava war all dies ein Schlag auf ihre Sinne: Sie spürte ein Leben hinter dem Vorhang dieser Dunkelheit – Millionen von Leben – und den Pulsschlag der Stadt, wie den eines wilden unbezähmbaren Tieres, das auf sie lauerte. Sie nahm die Füße vom Farbtopf, zog die Knie an und schlang ihre Arme darum. Mats warf ihr wieder einen Seitenblick zu, aber schwieg. Auch Ava sagte nichts mehr, sondern sah auf seine Hände, die das Lenkrad sicher hielten. Sie waren auffallend schmal, mit langen fein geformten Fingern. Pianisten-Hände, dachte Ava und wandte verwirrt den Blick ab.

Endlich, an einer Straße namens 5th Ngong Avenue, setzte Mats den Blinker.

»Schicke Adresse«, lachte sie, als ein Rudel wilder Hunde sich direkt vor ihnen im Schein der Wagenlichter um etwas sehr ungut und stinkend Aussehendes balgte. Aus der Dunkelheit flogen plötzlich Steine, und zwei Kinder, die sicher nicht älter waren als 3 oder 4 Jahre, verjagten die Hunde, um die Beute selbst an sich zu reißen und damit zu verschwinden. Ava wurde die Kehle trocken.

Mats bog in eine Einfahrt ein, blieb mit laufendem Motor vor einem hohen Metalltor stehen und betätigte mehrere Male die Lichthupe.

»Hier ist das Flora Hostel. Es liegt gegenüber einer Polizeistation, ist also recht sicher. Außerdem ist das Kenyatta Hospital gleich um die Ecke, deshalb wohnen hier viele Medizinstudenten.«

Das Tor wurde von innen aufgemacht. Ein junger Mann tippte sich grüßend an die Kappe, winkte mit dem Gummiknüppel und zog sich dann die warme Wolldecke enger um seinen Körper.

»Das ist Tony, der *Askari*. Ein Wachmann. Stell dich gut mit ihm, dann verpfeift er dich nicht, wenn du den Zapfenstreich um Mitternacht verpasst.«

Ava lächelte nur schwach. Sie konnte sich momentan nicht vorstellen, hier nachts auch nur ausgehen zu *wollen*.

JOHN

Das Flora Hostel bestand aus einem großen L-förmigen Haupthaus und mehreren anderen Gebäuden, die Ava im Schein der Laternen ausmachen konnte. Alle Fenster waren vergittert und die meisten hell erleuchtet. Aus einem Haus hörte Ava Stimmengewirr und Geschirrgeklapper. Sie fröstelte wieder, doch trotz der kalten Luft duftete es herrlich in dem weiten Innenhof – eine betörende Mischung aus Pasta Bolognese und süßem Blumenduft, der von den vielen Büschen mit trompetenförmigen hängenden Blüten kommen musste.

Mats ging ihr voraus und trug scheinbar mühelos ihren schweren Koffer. Für einen Augenblick betrachtete Ava seine breiten Schultern und seinen starken Rücken. Dann schüttelte sie schnell den Kopf. Sich gleich am ersten Abend in den Boss verschauen, dümmer geht es nicht, mahnte sie sich selbst und konzentrierte sich auf den Weg und das Haus.

Es war nicht mehr als ein rechteckiger Betonklotz und Mats hielt ihr die Tür auf.

Innen war der Boden mit blassrosafarbenem Linoleum belegt, vor allen Fenstern klebten von innen Fliegengitter und das kalte Neonlicht der Lampen flackerte unentschieden an und aus. Von den Wänden blätterte die Farbe, und in den Ecken hingen durchsichtig schimmernde Geckos, die Ava aus ihren starren Augen beobachteten. Nur Mats' Gegenwart hinderte sie daran, auf dem Absatz kehrtzumachen und den nächsten Flieger nach Hause zu nehmen. Aber: Wollte sie sich einfach geschlagen geben?

Das würde Mogens so passen! Die Wette galt. Sie würde das hier schaffen, und zwar so, dass alle Augen machen würden.

Mats lächelte ihr kurz zu, klopfte dann an eine Tür, auf der *Office* stand, und öffnete sie sofort.

»Ja?«, frage eine ungeduldige Stimme, die klang wie über ein Reibeisen gezogen. Über einen Tisch gebeugt, stand eine alte Nonne. Unter ihrer kleinen Haube sahen schlohweiße Haare hervor, die in ihrem Nacken zu einem Knoten zusammengebunden waren. Sie hatte so viele Falten, dass ihr Gesicht Ava an den dürren Wüstenboden erinnerte, den sie vom Flugzeug aus gesehen hatte.

Neben ihr hockte ein Junge, der Geld zählte. Die Geldscheine waren so schmutzig und abgegriffen, dass sie beinahe auseinanderfielen. Sie wirkten wie welke Blütenblätter.

Als Ava den Raum betrat, steckte der Junge mit einer hastigen Bewegung seine Hände unter den Tisch. Neben ihm stand eine junge Frau, die wohl so alt wie Ava selbst war. Sie strich ihm über das Haar, als er mühsam weiterzählte.

»Zweihundertzwanzig, zweihundertvierzig …«

»Gut, John. Weiter so …«, ermutigte die junge Frau ihn und lächelte Ava dann an. Es war ein Lächeln, das ihr müdes schmales Gesicht unter dem eng an den Kopf geflochtenen Haar erhellte.

Mats nickte freundlich in die Runde. »*Good evening,* Sister Elisabeth. Hallo, Tanu. Hi, John. Wie geht's euch?«

Der Junge sah Mats an, verstummte und runzelte die Stirn. Seine Hände ließ er noch immer unter dem Tisch.

»Ich habe Ava vom Flughafen abgeholt«, fuhr Mats unbeirrt fort. »Sie wird die nächsten beiden Monate bei uns arbeiten. Ist ihr Zimmer bereit?«

»Ja«, sagte Sister Elisabeth und musterte Ava kurz aus eisblauen Augen. Dann lächelte sie und ihr Gesicht legte sich in tausend freundliche Lachfältchen. »Willkommen. Tanu zeigt dir den Weg zu deinem Zimmer.«

»Soll ich nicht lieber bei John bleiben?« Tanu warf dem Jungen einen besorgten Seitenblick zu. Der saß wie angefroren da, mit seinen Händen unter dem Tisch, als klammere er sich dort fest. Er starrte Ava an. Nichts in seinem Gesicht rührte sich.

»Das machen wir schon. Mats, kannst du kurz bei John und mir bleiben? Zimmer 111«, sagte Elisabeth und griff einen Schlüssel von einem Bord. »Frühstück gibt es ab sieben.«

»Wann soll ich morgen wo sein, Mats?«, fragte Ava. Mist, ihre Stimme zitterte.

Er lächelte warm, und Ava wollte nicht, dass er gleich wegging. Sie hatte sich gerade an ihn gewöhnt, wenigstens ein neuer Freund in dieser Fremde!

»Um neun Uhr an der St. Julians School in Kibera. Morgen ist Samstag, da haben wir gleich einen Workshop.«

Ava schluckte hart. Da wurde sie ja gleich ins kalte Wasser geworfen! Lass dir bloß nichts anmerken!, ermahnte sie sich selbst und fragte daher schnell:»Wie komme ich dorthin? Mit dem Taxi?«

»Da wärst du dann die Einzige. Wenn du überhaupt ein Taxi findest, das dich nach Kibera bringt«, lachte Mats.»Ich kann dich leider nicht abholen, denn ich muss bei Sonnenaufgang an der Schule sein.«

Ava schluckte noch einmal. Ehe sie eines dieser *Matatus* bestieg, schloss sie besser eine Lebensversicherung ab, so viel war klar. Mats sah sie durchdringend an. Seine Augen lächelten, aber er sagte nichts.

»Ich kann Ava morgen früh abholen. Wir fahren zusammen nach Kibera«, sagte Tanu leise.»Jetzt komm. Wenn du dich beeilst, kannst du auspacken und noch zu Abend essen.«

»Aber das heißt doch …«, begann Mats, aber Tanu unterbrach ihn.

»Das ist schon okay.« In ihrer Stimme lag eine stille Würde, die Mats offenbar beindruckte. Ava war so erleichtert, dass sie Tanu am liebsten umarmt hätte.

»Also dann … Gute Nacht.« Mats lächelte ihr zum Abschied zu. Auf seinen beiden Wangen erschienen dabei tiefe Grübchen. Komisch, die waren ihr vorher noch gar nicht aufgefallen! Er sah sogar im Licht der Neonlampe noch gesund und gebräunt aus. Avas Herzschlag stolperte, und plötzlich war sie ganz froh, gehen zu können. Sie war bestimmt nur übermüdet!

Ava folgte Tanu aus dem Büro und den Gang hinunter. Doch kaum waren sie ein paar Schritte gegangen, krachte es plötzlich furchtbar im Büro hinter ihnen. Es hörte sich an, als wäre ein Stuhl umgetreten worden. Dann brüllte jemand. An dem Schrei war nichts Menschliches. Ava erstarrte.

»Was war das?«, flüsterte sie.

Tanu aber zog Ava hastig weiter. »Das ist John. Er muss sich immer erst an fremde Gesichter gewöhnen …« Ihre Worte sollten wohl beruhigend klingen, aber auch sie sah besorgt zum Büro zurück. »Mats ist ja bei Sister Elisabeth.«

John schrie nun wieder, in einer Sprache, die Ava nicht verstand. Es klang entsetzlich, als läge seine Seele auf einem Rost und würde gegrillt. Dann hörte sie Elisabeth und Mats, die mit ruhigen und bestimmten Stimmen auf ihn einredeten. Ava konnte nicht verstehen, was sie sagten, aber langsam schien John sich zu beruhigen. Seine Stimme wurde leiser, bis alles still blieb. Dann hörten sie ein gedämpftes Wimmern, in das sich beruhigendes Murmeln mischte.

Ava brach der Schweiß aus. Sie sehnte sich nach ihrem Zimmer, ihrer Mutter und Mogens: nach der ganzen überschaubaren Welt von Augsburg. Wie sollte sie allein mit alldem hier umgehen? War sie der Herausforderung wirklich gewachsen? Und es hatte noch nicht einmal richtig begonnen!

»Komm«, sagte Tanu nur. Ava folgte ihr über den sparsam beleuchteten Hof in eines der anderen Häuser. Ihr Zimmer war schmal, an der Decke drehte sich ein Ventilator. Neben dem Rahmen des kleinen Fensters saß ein Gecko und glotzte sie aus starren Augen an und auf der Pritsche lag sauber gefaltet eine speigrüne Decke.

»Danke, Tanu«, flüsterte Ava mühsam.

»Bitte. Willkommen im Flora Hostel. Schlaf gut. Das, was man in der ersten Nacht in einer neuen *Manyatta* träumt, wird wahr.«

»Was ist eine *Manyatta*?«

»Eine Hütte in einem Kral. Meist sind sie aus Kuhdung gemacht und stinken«, grinste Tanu. »Ich muss jetzt zurück zu John. Wir sehen uns morgen nach dem Frühstück.«

Ava lehnte in der Haustür und sah Tanu nach, ehe ihre schmale Gestalt in dem dunklen Kleid und den eng an den Kopf geflochtenen Zöpfen in der Dunkelheit verschwand. Wohnte sie auch im Flora Hostel? Und dieser John? Was war mit ihm los?

Ava drang die Kälte bis auf die Knochen. Sie musste sich zwei Pullis über ihren Pyjama ziehen. Mit klappernden Zähnen sah sie nach oben zu dem kleinen Fenster und hielt den Atem an. Hatte je ein Mensch so viele Sterne gesehen?! Augenblicklich vergaß sie alle Kälte und Furcht. Es war unglaublich. Drehte sie jetzt ganz durch, oder war das lange Weiße da, das Myriaden von Sternen verband, die Milchstraße? Sie sog den Anblick ein. Das war unvergesslich. In diesem Augenblick flatterte etwas Großes an ihr vorbei. Ava schrie auf und schlug sich dann beschämt die Hand auf den Mund. Es war eine handtellergroße Motte, die sich an der Wand niederließ und ihre Flügel neben dem Licht über Avas Kopf entfaltete.

Ava seufzte auf. Wenigstens keine Fledermaus. Vorsichtig setzte sie sich auf ihr Bett und zog endlich das iPhone heraus. *Bin gut angekommen, alles bestens. Kuss Ava*, tippte sie mit zitternden Fingern und sandte die Nachricht zugleich an ihre Mutter und Mogens. Dann schluckte sie ihre Tränen hinunter, drehte den Schlüssel zweimal im Schloss um und schob den Stuhl vom Schreibtisch unter die Türklinke, so, wie sie es im Film gesehen hatte. Jetzt fühlte sie sich einigermaßen sicher. Auspacken konnte sie morgen, wie auch essen. Sie war todmüde, berührte aber die speigrüne Decke misstrauisch. 1000 % Polyester, die würde gleich Funken schlagen. Der Gecko sah sie noch immer mitleidlos an.

Ava seufzte erneut. Hoffentlich träumte sie hier etwas, das sie als Wahrheit auch vertragen konnte!

Herzbruch bis zum Horizont

Ava war schwindelig und auch etwas übel. So ungefähr, als hätte sie am Abend zuvor zu viel getrunken oder als hätte sie ihre Tage. Aber keines von beidem war der Fall. Sie saß neben Tanu im *Matatu* Richtung Kibera und versuchte, ihre Gedanken zu ordnen, während sie gleichzeitig ihren Würgereiz zurückkämpfte. Lag das an dem spitzen Ellenbogen, der sich in ihren Bauch bohrte, oder dem wolligen Kinderkopf, der es sich auf ihrem Schoß bequem machte? Oder vielleicht an dem kalten, stark und scharf riechenden Essen, das gerade einer der Passagiere an ihr vorbei den Bus hinunterreichte, wo seine Frau zwischen vier Kindern, einem Hühnerkäfig, einem Ersatzrad und Einkaufstaschen eingequetscht saß? Lag es an der Luft, die sie in ihrer klaren Kälte berauschte, oder dem hellen Licht des anbrechenden Tages, der sich gerade mit unerhörter Wucht voll Farben füllte?

In den hohen Bäumen um den *Matatu*-Sammelplatz saßen Vögel aller Art und aller Größen. Sie sangen und jubelten, wie Ava es noch nie gehört hatte. Sie presste die Nase an die schmutzige, verschmierte Scheibe und wünschte sich plötzlich, die Vogelarten zu kennen. Wie riesig einige von ihnen waren, und das mitten in der Stadt! Um das *Matatu* drängten sich lärmende Verkäufer, die auf ein Geschäft in letzter Minute hofften. Sie alle überschrien das Radio, das der Fahrer auf volle Lautstärke gedreht hatte.

»Bananen, wer will Bananen?«, fragte eine junge Frau, die mit ihrem langen Hals und ihren großen Augen schön wie ein Topmodel war. Ava schüttelte den Kopf. Sie hatte beim *Full English Breakfast* im Flora Hostel tüchtig zugeschlagen und wollte nun keine Banane, obwohl die Frau sie ihr weiter unter die Nase hielt und flehend sagte: »Bitte, *Mama* ...«

Ava wurde noch schlechter.

»Uhren? Uhren?«, wisperte da eine Stimme und ein Arm schob sich durch das Fenster vor ihre Augen. Er war vom Handgelenk bis zum Oberarm mit falschen Rolex-, Breitling- und Seiko-Uhren behängt.

»Danke. Ich habe schon eine Uhr«, sagte Ava und zeigte ihm ihre Swatch.

»Was denn, nur eine? Genügt denn das, *Mama*?«, fragte der Junge erstaunt, zog aber trotzdem den Arm zurück. Ava musste lachen. Langsam fing das Gewusel hier an, ihr Spaß zu machen, auch wenn der Geruch im *Matatu* ihr weiter den Magen umdrehte: Schweiß, Asche, Curry und schlicht und einfach Mensch mischten sich durcheinander. Dennoch hatte sie den Eindruck, in einem gewaltigen Theaterstück zu sitzen.

»Es geht los«, sagte Tanu und wurde noch enger an Ava gedrückt, weil in letzter Minute noch zwei baumlange Teenager in das *Matatu* sprangen. Irgendwie passten die auch noch rein!

»Hast du alles?«, fragte Tanu. Ava hob eine Plastiktüte hoch, in der alles steckte, was Mats ihr am Morgen per SMS noch aufgetragen hatte. *Bring Trinkwasser, Klopapier, Taschenlampe, Sonnencreme LSF 50, Hut, Regencape, Kleingeld & Kopie deines Ausweises. Bis später! Xx Mats.* Klopapier? Wofür das denn?

Aber, was viel interessanter war: Xx, hieß das nicht Küsschen? Ava drehte und wendete den Gedanken hin und her, aber er gefiel ihr einfach von jeder Seite.

In diesem Augenblick schlugen die ersten Regentropfen schwer gegen die Windschutzscheibe. Der Himmel löste sich auf und auf den Straßen suchten die Leute Schutz vor einer spontanen Sintflut.

Auf den Bürgersteigen von Nairobi drängten sich Menschen in knallbunten Kleidern, sauberen Anzügen, Schleiern oder eben in Jeans und T-Shirt. Hunderttausende von ihnen zogen sicher so jeden Tag zur Arbeit, ob Regen oder nicht, Matsch oder Staub, dachte Ava.

In Buden entlang der Straße wurde mit einzelnen Zigaretten, eiskalter Cola und bunten Lospapieren gehandelt und auf kleinen Kohleöfen schmorten halbe Maiskolben. Die Läden selbst waren oft nur Matschbuden, in deren Fenstern kein Glas war und die skurrile Namen hatten: *Dr. Pickel Schönheitspflege*, oder *Say You Say Me Telekommunikation*. Schreiner hobelten am Wegrand und Schneider saßen auf den kleinen Terrassen vor den Läden und trieben ihre Nähmaschinen mit dem Fußpedal an.

Das Radio im Bus plärrte noch immer auf voller Lautstärke. Der Mann neben Ava schrie so laut in sein Handy, dass er eigentlich gar kein Telefon gebraucht hätte, um seinen Gesprächspartner zu erreichen. Ava schloss kurz die Augen. Es war gerade mal acht Uhr morgens, doch ihre Sinne waren schon erschöpft. Nairobi war ... wild, dachte sie. Nein: WILD. Der Wagen rumpelte durch ein Schlagloch und Avas Magen drehte sich erneut um.

»Wir sind da«, sagte Tanu nach einer gefühlten Ewigkeit und schlug mit einer Münze gegen das Wagenblech. Der VW-Bus hielt mit quietschenden Reifen an dem matschigen Straßenrand. Tanu fasste Avas Hand und zog sie mit sich. Sie sprangen zusammen mit vielen anderen aus dem Bus, der keine zwei Sekunden später schon wieder Vollgas gab. Es nieselte noch immer.

Tanu ließ Ava nicht los. »Pass auf, wo du hintrittst!«

»Warum?«, fragte die benommen. Sie war doch heil dem *Matatu* entkommen, was konnte ihr jetzt noch passieren?

»Wir in Kibera haben keine Kanalisation. Die Leute machen in Plastiktüten und werfen das auf die Straße. Oder sie machen sich nicht mal diese Mühe.«

Ava schluckte. Sie stand knöcheltief in einem stinkenden, zähen Fluss von etwas, das sie nicht näher untersuchen wollte. Gott sei dank trug sie nicht wie Tanu Ballerinas, sondern dicke Stiefel zu ihrer engen Jeans.

Wir in Kibera, hatte Tanu gesagt. Wohnte sie etwa auch

hier? Ava musterte sie unauffällig, wie sie in ihrem knielangen dunklen Rock und der sorgfältig gebügelten weißen Bluse dastand. Nein, das konnte ja wohl kaum sein.

Tanu lächelte Ava ermutigend an. »Willkommen in Kibera. Komm. Wir gehen zur Schule. Mats wartet schon auf uns.« Ava aber konnte sich nicht von der Stelle rühren: Das *Matatu* hatte sie auf einer Anhöhe über Kibera aussteigen lassen. Der Slum lag ihr nun über mehrere Hügel und Täler verteilt zu Füßen. Das musst du mit eigenen Augen sehen, hatte Eva vorsichtig zu ihr gesagt. Wie weit entfernt dieser absurd gepflegte Grillabend ihr nun schien!

Ava überblickte eine Landschaft aus Pappe, Wellblech, Holzplanken, Ölfässern, Autoreifen, Plastikkanistern und Karosserieteilen. Erst auf den zweiten Blick wurde ihr klar, dass sie hier tatsächlich Hütten vor sich hatte. Denn dazu war all dieser Müll zusammengeschoben, -gebunden und -gebaut worden. Dazwischen führten unzählige Trampelpfade in ein Labyrinth von Wegen, denen Ava nicht folgen konnte. Es war wie ein surreales Gemälde, das die Augen täuschte: So sehr man auch hinblickte, es ergab einfach keinen Sinn. Sie ertrank in Lärm: Von überall her plärrten Radios, Fernseher, Kinder, Hunde und Hupen. Die Kakofonie betäubte die Sinne. Feuer schwelten und der allgemeine Gestank war überwältigend.

Einen Steinwurf entfernt saß ein Kleinkind nackt in einem Bach. Nein, in keinem Bach, sondern in einem Graben voller Dreck, Müll und stinkender, nun wegen des Regens weniger träge dahinrinnender brauner Soße. Das Kind pulte aus einem abgenagten Maiskolben die letzten Körner hervor. Eine Ratte lief ihm über das Bein. Ein magerer Köter kam und zerrte knurrend den aufgeblähten Kadaver eines Zickleins mit sich, der ebenfalls in der stinkenden Unrat-Soße dümpelte.

Das Kind lächelte Ava an und ihr drehte sich der Magen um. Plötzlich schämte sie sich für die Sauberkeit und Sicherheit des Flora Hostels und für die am Morgen so vollen Tische.

Kibera. Das musst du mit eigenen Augen sehen.

Nun verstand sie, was Eva gemeint hatte: Kibera war Herzbruch bis zum Horizont. Sie wollte schlucken, doch ihr Mund blieb trocken. Scham überflutete sie. Wie hatte sie so verdammt DOOF sein können? Was hatte sie denn erwartet? Aber: Konnte man *das* hier erwarten, wenn man es noch nie gesehen hatte? Plötzlich merkte sie, wie ihr die Tränen in die Augen stiegen. Es war unfassbar. Und es gab dafür einfach keine Erklärung und erst recht keine Entschuldigung. Wie konnte die Welt so verdammt ungerecht sein?

Kibera war eine Stadt in der Stadt. Nein: eine Welt in einer Welt. An dem einen Ende sah sie das gepflegte Grün der teuren Viertel von Nairobi, am anderen Ende verlief ein Bahndamm, auf dem unzählige Menschen geduldig wie Ameisen ihrem Tagesgeschäft entgegenzogen. Plötzlich tutete es, alle sprangen hastig beiseite und eine uralte Lok schob sich dampfend und schnaufend zwischen den Leuten hindurch. Aus den Waggons hingen Menschen und Gliedmaßen. Einige Fußgänger sprangen als blinde Passagiere auf die Güterwaggons auf.

»Das ist der Zug zum Victoriasee. Er geht einmal am Tag

nach Kisumu«, erklärte Tanu. »Wahnsinn. Heute ist er nur eine halbe Stunde zu spät.«

Ava sah wie benommen auf die Gleise, die nun wieder schwarz von Menschen waren. Der Zug entfernte sich ratternd Richtung Victoriasee.

Hier ging etwas ab, das sie nicht begriff, das spürte sie. »Komm«, sagte Tanu sanft, so, als ob sie verstünde – aber konnte sie das? Nein. Wie denn auch? War dies nicht die einzige Welt, die sie kannte? Dennoch war ihr Blick freundlich. Sie fasste Avas Hand fester und drückte ihre Finger. Ava nickte wie betäubt und folgte Tanu dankbar. Sie klammerte sich an ihre Hand wie eine Ertrinkende an eine Planke. Um Gottes willen, wenn Tanu sie hier nur nicht allein ließ!

Ava folgte Tanu wie blind durch das Wegelabyrinth, das in das Herz von Kibera führte. Bei jedem Schritt wurde Tanu für sie mehr zum Schutzschild. Am liebsten hätte sich Ava in die andere hineinverkrochen: Sie war die Erste Welt in Person. Satt und sicher. Sie hatte alles und wurde dadurch angreifbar und hassenswert.

Ava ließ ihren Blick nur unter den gesenkten Lidern schweifen. Vor den Hütten verkauften Leute, was sie wohl im Müll gefunden hatten und was noch irgendwie verwendbar war: aufgefüllte Einwegfeuerzeuge, ausgelöste Reißverschlüsse, noch nicht zu abgelaufene Schuhsohlen, halb volle Kugelschreiber, alte Mobiltelefone mit zersprungenen Bildschirmen. Alles, was sie selbst daheim bedenkenlos als kaputt oder unbrauchbar entsorgt hätte. Einfach weggeschmissen.

Kichernde Kinder folgten Tanu und ihr, doch sie spürte auch die Blicke der Erwachsenen, die dunkel, angespannt und wachsam auf ihr lagen. Wie abgezehrt die Menschen waren – mehr als nur von Hunger allein, dachte sie. Dieses Leid kam von innen. Kibera war ein Monster, das seinen Bewohnern die Kraft zur Freude aus der Seele sog.

Plötzlich verstand Ava Evas Mission: *Ich möchte ihnen diesen Freiraum schaffen* ... Sie hatte kurz ihren Schritt verlangsamt und hastete Tanu nun wieder hinterher. Würde sie je den Mut haben, hier einfach so allein herzukommen? Oder wäre das Wahnsinn? Erwartete Mats das von ihr?

»Wir sind bald an der Schule, St. Julians«, unterbrach Tanu ihre Gedanken und zeigte auf den Weg vor ihnen, der auf einem Platz zu enden schien. Als sie weitergingen, lief eine Gruppe Kinder in königsblauen Kleidern oder beigen Shorts und blauen Pullis an ihnen vorbei. Es mussten an die dreißig sein: Sie waren barfuß oder trugen ausgelatschte Sandalen. Auch wenn ihre Kleider zu groß und geflickt waren, fiel Ava ihre peinliche Sauberkeit auf. Dagegen fühlte sie sich in Jeans, Hemd und Weste schlampig und verschwitzt. Und SIE hatte eine Waschmaschine und eine heiße Dusche in ihrem Hostel!

»*Jambo, Jambo, Mama* Tanu!«, jubelten die Kinder beim Überholen und musterten Ava dabei aus großen, neugierigen Augen, ehe sie zu lachen begannen.

»Wir sind da«, sagte Tanu schlicht. Es nieselte noch immer, aber nach dem Marsch durch Kibera fror Ava nicht mehr. Oder gewöhnte sie sich einfach an das Klima?

Auf dem offenen Platz hatte sich die Erde im steten Regen in roten Matsch verwandelt. Dieses Rot war ein anderes, als alles, was Ava zuvor in der freien Natur gesehen hatte: intensiv und fordernd, wunderschön, als würde die Erde gleich bersten.

Längs des Platzes standen zwei lange, niedrige, aus Erde gebaute und mit Wellblech gedeckte Häuser. Die kleinen viereckigen Fenster waren nicht verglast und im Rahmen hing keine Tür. Aus dem größeren Haus trat gerade Mats. Er trug mit Farbe bekleckste Armeehosen, seine Haare klebten ihm schweißnass am Schädel und sein Oberkörper war nackt und ebenfalls mit weißer Farbe gesprenkelt. Ava konnte nicht anders, als seine festen Muskeln zu bemerken, als er sich über die Stirn wischte. Verwirrt wandte sie den Blick ab. Niemand in Augsburg sah beim Baden im Eiskanal mit nacktem Oberkörper so gut aus. Was für ein unpassender, aber schöner Gedanke. Ava zwang ein irres Kichern in ihre Kehle zurück.

»Da seid ihr ja!«, rief Mats.

Ava wusste plötzlich nicht, ob sie stolz oder zornig sein sollte. Ja, da war sie ja. Als hätte er sie seit Stunden erwartet! Und das, nachdem er sie so gut wie allein ihrem Schicksal überlassen hatte. Mats jedoch sah sie freundlich an und wischte sich die Hände mit Terpentin sauber. Ava schwieg. Ihm entging nur sehr wenig, da war sie sich plötzlich sicher. *Tough Love*, vielleicht war das als Direktor seine Devise. Und die von »Farbe zum Mut«?

Schwimmen oder ersaufen, so viel stand fest, dachte Ava grimmig. Sie nahm die Herausforderung an und hob ihr inneres Kinn. Sie konnte schwimmen! Rücken, kraulen, Brust, was immer sie hier von ihr erwarteten! Nur nicht aufgeben, das konnte sie allen hier beweisen!

»Ich bin gerade fertig geworden.« Mats wuchtete einen Farbtopf aus dem Haus, den Ava gleich wiedererkannte: Am Vorabend hatte sie in seinem Land Rover die Füße darauf gehabt. »Alle Wände sind weiß gestrichen. Vorher war es da drinnen so dunkel, dass man die Hand nicht vor Augen sah. Die Farbe hilft. Sie gibt die Illusion von Licht. Jetzt kann es losgehen. Tanu, wenn du die Küche bemannst?« Er zeigte auf eine Tüte mit Einkäufen. Nun kam auch Solo, der fette, goldfarbene Labrador, aus dem Haus und schnüffelte an den Lebensmitteln. Mats gab ihm einen Stups. »Weg da, du Vielfraß.«

»Die Küche?«, fragte Ava und streichelte Solo den Kopf, als Tanu schon aus dem zweiten Haus zwei Gaskocher holte und aus einem Kanister sauberes Wasser in einen riesigen Topf schüttete. Dann gab sie Milch in das kochende Wasser und brühte alles mit Teeblättern auf, ehe sie Zucker in einen tiefen Teller füllte. In einem zweiten Topf kochte sie mit Haferflocken und noch mehr Wasser aus dem Kanister Porridge.

»Klar. Die Kinder haben doch erst mal Hunger. Die wenigsten von ihnen bekommen Frühstück. Das ist auch unter der Woche in der Schule ein Riesen-Problem. Und wie kann man mit leerem Magen lernen? Wenn überhaupt in der Familie Geld da ist, dann geht das für die Schulgebühr drauf. Pass mal auf, wie oft du hier um Bleistifte angehauen wirst …« Dann unterbrach Mats sich. »Hast du denn schon gefrühstückt, Tanu? Du musst doch sehr früh aufgestanden sein.«

Tanu schüttelte rasch den Kopf. Ihre Augen blickten so ernst, dass Ava nur überrascht schwieg.

»Nimm dir, Tanu«, sagte Mats leise. »Und was übrig bleibt, kannst du den anderen mitbringen.«

Welchen anderen, wollte Ava fragen, doch da trudelten schon die ersten Kinder ein und setzten sich auf den Boden. Sie stürzten sich gleich auf das Porridge und tranken den heißen süßen Tee. Nach einer Weile sah Ava plötzlich noch einen Jungen verspätet über den Schulhof kommen. Er trug im Gegensatz zu den anderen nicht seine Schuluniform, sondern nur Jeans und T-Shirt. Er hinkte leicht, fiel ihr auf. Tanus Gesicht löste sich in einem Lächeln auf. Sie winkte ihm zu.

»John! Wie gut, dass du kommst!«, rief sie.

Nun erkannte auch Ava den Jungen, der gestern im Flora Hostel Geld gezählt hatte und dann so wild geworden war. Sie hielt lieber Abstand zu ihm, und auch er sah sie prüfend an, während er seine Hände hinter dem Rücken faltete. Dann grüßte er sie mit einem unmerklichen Nicken. Ava wurde aus einem Grund, den sie nicht näher bestimmen konnte, warm ums Herz. Auch sie nickte ihm zu.

»Hi, John. Alles klar?« Mats zog sich sein Leinenhemd über und sah prüfend in den weiten Himmel, der sich schon wieder mit dichten Wolken bezog.

»Alle satt?«, fragte er dann. Die Töpfe waren komplett ausgekratzt.

»*Ndio!*«, schrien die Kinder. Ja!

»Dann kann es ja losgehen. Ich habe heute Morgen im Schein meiner Taschenlampe meinen Garten geplündert. Nur für euch. Denn das sind unsere Motive: Blumen.«

»Was ist ein Motiv?«, fragte ein Mädchen.

»Sorry. Dumm von mir. Ein Motiv ist etwas, was man darstellt oder malt, okay?«

»Okay!«, antworteten alle Kinder wie aus einem Mund. Auswendig lernen und nachsprechen war in Nairobi anscheinend an der Tagesordnung.

Mats stieß die Tür zu dem lang gezogenen Schulgebäude auf, und das gerade rechtzeitig, denn aus dem Nieselregen wurde plötzlich wieder ein Wolkenbruch. »Aber ehe wir selber malen, sehen wir uns Bilder an, die andere Leute gemalt haben … kommt rein.«

Ava folgte den Kindern oder wurde vielmehr von ihnen mitgezogen: Das Innere des Hauses roch noch nach frischer Farbe. Ava konnte sich vorstellen, welchen Unterschied Mats' Arbeit hier gemacht hatte: Das frische Weiß vervielfachte das spärliche Tageslicht auf ein erträgliches Niveau. Wann war er denn dafür aufgestanden? Heute Morgen um vier, oder was?

Sie sah sich um: Quer durchs Zimmer hingen an Schnüren, mit Wäscheklammern befestigt, berühmte Bilder von Blumen und Natur: Ava erkannte Rousseau, Monet, Manet, Cézanne, Van Gogh, Picasso, Renoir, Magritte und Matisse … Blumen, und immer wieder Blumen, auf so viele Arten gesehen und wiedergegeben. Sie war selbst fasziniert. Die Kinder kauerten auf dem Boden und bestaunten die vielen Bilder. Mats steckte gerade die letzten Blumen, die er gepflückt hatte, in Konservendosen und leere Cola-Flaschen.

Die Kinder kicherten, als ein Mädchen nach vorn krabbelte, die Hand ausstreckte und ehrfürchtig das rote zackige Blütenblatt eines Christsterns betastete. In ihrem kleinen Gesicht spiegelten sich so viele Gefühle wider, dass Ava sie nicht zu zählen vermochte. Es war zu viel und zu viele. Es hieß nicht ohne Grund *be-greifen*, dachte sie plötzlich, als sie die zarten Finger über die Blüte streichen sah. Sie senkte die Augen, um sich zu fassen.

»Was willst du?«, fragte Mats das Kind lächelnd.

»Nur mal anfassen ... ich will wissen, wie sich das anfühlt. Es ist so ... so ...«

»So was ...?«, fragte Mats wieder und Ava hörte die Vorsicht in seiner Stimme. Sie selbst hatte einen Kloß im Hals.

»So schön ...«, flüsterte das Kind und setzte sich schüchtern wieder hin.

Alle lachten, aber es klang doch irgendwie beklemmt. Dann richteten alle Augen sich auf die Bilder und Blicke strichen über die Eimer mit den Pinseln, die Papierrollen, die Pakete mit Ton, die Teller voller Zeitungspapierschnipsel, die Flasche Kleister und, und, und. Ava spürte, dass neben ihnen, den Kindern und der Kunst noch etwas im Raum war: eine wahnsinnige Energie, die nicht unbedingt positiv war. Sie spürte den Druck von Kibera um sie herum geradezu körperlich. Gewalt, Armut, Hunger, Krankheit und verdammte Hoffnungslosigkeit – all das war mit den Kindern in die Schule gekommen und ließ sich nicht so einfach vertreiben. Zumindest nicht durch Farbe allein.

»Los«, sagte Mats. »Malt, was ihr seht. Hiermit«, er zeigte auf seine Augen, »oder hiermit!«, er zeigte auf seine Stirn. »Oder: hiermit. Denn damit sieht man am besten!« Mit diesen Worten legte er sich die flache Hand auf das Herz.

Die Kinder griffen zögerlich nach all dem Material, und Tanu begann leise, ihnen Stifte und Farben zu erklären. Ava gesellte sich zu ihr.

Mats sagte noch: »Stellt euch vor, ein Bild zu malen, ist wie von Suaheli ins Englische zu übersetzen oder andersherum. Nur viel, viel freier ... die Blume ist ein Wort, und ihr müsst das Wort, so, wie ihr es hört und sagen wollt, als euer eigenes auf das Papier bringen. Wer nicht malen will, kann auch mit Ton arbeiten oder Pappmaschee machen. Wir haben den ganzen Tag Zeit.«

Nyama Choma

»Nicht«, sagte John feindselig, als Ava ihm über die Schulter sehen wollte. Er steckte die Hände unter den Tisch, beugte sich über sein Papier und verdeckte so mit seinem Oberkörper das Gemalte. Als sie sich nicht sofort wegdrehte, ruckte sein Kopf aggressiv in ihre Richtung. Es sah beinahe so aus, als würde er die Zähne fletschen. »Ich habe gesagt: NICHT!«

Ava fuhr erschrocken zurück: Seine Augen weiteten sich und er duckte sich wieder. Ava hatte den Eindruck, er wollte sie gleich anspringen! Doch da schob sich Tanu schon zwischen sie und John.

»Ist schon okay, John. Ava ist nur neugierig …«, flüsterte sie und strich ihm über das kurze Haar. Er schloss für einen Moment die Augen und wiegte sich unter Tanus Berührung hin und her.

»Nur neugierig …«, wiederholte er für sich. »Nur neugierig.« Dann nickte er, aber warf Ava noch einen letzten feindseligen Blick zu.

Ava ging weiter, doch ihr waren die Knie weich geworden: Sollte John seinen Kram doch allein machen, dachte sie trotzig. Gerade eben hatte sie ihm noch bei der Auswahl der Farben geholfen. Oder hatte ihm helfen wollen – er hatte auf Rot, Rot und wieder Rot bestanden. Die Hände hatte er dabei in den Hosentaschen gelassen. Da arbeitete sie lieber mit dem kleinen Mädchen, das vor sich hin summend Glanzpapier in Hunderte von dünnen Streifen riss und daraus eine Schlingpflanze bastelte: Sie hatte danach überall Leim an sich kleben, von der Stirn bis über ihr am Morgen noch sauberes Kleid. Aber sie strahlte über das ganze Gesicht, als Ava und sie mit der Pflanze fertig waren.

Es war vier Uhr nachmittags, als das letzte Kind ging. Auch John schlich aus der Schule, die Hände noch immer in den Hosentaschen, nachdem er Tanu zugenickt hatte. Mats und Ava ignorierte er.

Sehr nett, dachte Ava, und das nach so einem tollen Workshop! Undankbare Kröte.

An den Schnüren hingen nun statt der Abbildungen der Meister die Bilder der Kinder. Ava war von der Vielfalt der Kreativität erstaunt: Wie viel diese Kinder sahen und wie sie es ausdrückten! Das kleine Mädchen war bei dem Christstern geblieben und hatte seine Blätter ins Riesenhafte verzerrt, ehe sie sie in allen Farben des Regenbogens ausgemalt hatte. Es sah wunderschön aus, auch wenn der Tau auf seinen Blättern Ava an Tränen erinnerte. Dann blieb sie vor dem letzten Bild stehen: Es war Johns. Sie vergewisserte sich, dass er wirklich weg war, ehe sie einen Schritt darauf zutat: Es zeigte eine Blume, die Mats nicht als Motiv mitgebracht hatte. Sie war riesig, wucherte zornig und riss das Maul wie eine Venusfliegenfalle auf. In seinem Inneren saßen spitze Zähne, und aus den Dornen an ihrem rauen, behaarten Stängel wuchsen Finger, von deren Spitzen Blut tropfte.

»Mats? Tanu?«, fragte sie unsicher. »Habt ihr das gesehen?«

»Ja«, sagte Tanu schlicht und nahm das Bild ab, obwohl die Farben noch feucht waren. »John ist unglaublich begabt. Seine Bilder sind so ausdrucksvoll. Deshalb laden wir ihn auch immer wieder ein.«

»Aber …«, begann Ava. Tanu jedoch legte das Bild nur auf das Pult und wirkte sehr beschäftigt.

»Lasst uns zusammenpacken«, sagte Mats und griff nach den Farbtöpfen. »Dann können wir noch was essen gehen. Ich lade die Damen zum *Nyama Choma* ein! Solo, du passt auf das Zeug hier auf. Wenn du brav bist, bringe ich dir Reste mit.«

»Okay. Ich kenne eine gute Bude, nahe der *Matatu*-Haltestelle. Bei Anbruch der Dunkelheit müsst ihr auf dem Weg sein«, sagte Tanu.

»*Nyama Choma?*«, fragte Ava misstrauisch.

»Gegrilltes Zicklein. Ein kenianisches Festessen!«

Trotz der guten Vorsätze war es weit nach fünf, als sie sich auf den Plastikhockern vor der *Nyama-Choma*-Bude niederließen. Das Lokal bestand aus nicht viel mehr als einem riesigen offenen Rost, einer laut schnarrenden, an allen Ecken rostigen Kühltruhe voller Fanta, Cola und dem kenianischen Bier Tusker und natürlich dem lauthals plärrenden Radio neben dem

Koch, ohne das in Kibera nichts zu laufen schien. Um sich zu unterhalten, brüllten die Leute einfach über Musik und Ansagen hinweg.

»Cola für alle«, sagte Mats. Er hob seine Flasche und Tanu und Ava stießen mit ihm an. »Gut gemacht!«

Eine alte Frau mit schief gewachsenem Rücken wischte den Tisch ab und wechselte zahnlückig grinsend einige Worte mit Tanu. Dann kam auch schon das Essen: Blechteller voll saftig geschmortem, vor Fett triefendem Fleisch zusammen mit einem gekochten grünen Gemüse und etwas, das wie zwei Scheiben Polenta aussah.

»Das Grünzeug ist *Sikama weeki*, was so viel wie ›Das langt die ganze Woche‹ heißt«, erklärte Mats. »Guck nicht so misstrauisch, Ava. Schmeckt wie Spinat. Das andere ist *Ugali*, so was wie gestockter Grieß. Guten Appetit.«

Ava fiel jetzt auf, dass sie Mats den ganzen Tag lang nicht hatte essen sehen. Kein Wunder, dass er Hunger hatte. Tanu selbst aß bereits, langsam und manierlich, obwohl sie trotz Mats' Angebot von dem Frühstück nichts angerührt hatte. Ava zögerte noch immer. Sie hatte keine Lust, etwas zu essen. Erstens nicht, weil der Tag in Kibera sie zu sehr aufgewühlt hatte und weil der Slum, über den sich der Abend senkte, sie jetzt erst recht nicht losließ. Wie sollte sie essen, wenn sie von so vielen Sorgen umgeben war? Zweitens machte der Anblick des fettigen, scharf gebratenen *Nyama Choma* ihr wirklich keinen Appetit.

»Iss, Ava …«, sagte Mats leise und beinahe hart. Der Blick seiner hellen Augen ließ keinen Widerspruch zu. Ava biss sich auf die Lippen. Sie wollte schon zu einer spitzen Antwort ansetzen, aber Mats fügte bereits etwas weicher hinzu: »Bitte. Iss. Sonst beleidigst du den Koch. Er freut sich, dass du hier isst. Außerdem willst du doch hier kein Essen wegwerfen, oder?«

Ava schüttelte stumm den Kopf und lud sich von dem Gemüse auf die Gabel. Tanu lächelte sie ermutigend an und der Mann am Rost lachte hinter einem Funkenregen hervor. »*Hakuna Matata!*«

Ava sah auf und musste lachen. »Das sagt ihr wirklich?! Ich dachte, das hätte Walt Disney sich so ausgedacht ...«

Tanu lachte. »Nein. Wir sagen es wirklich. Das und: *Pole Pole.*«

»Was heißt das?«

»Immer mit der Ruhe. Kenianischer Wahlspruch«, grinste Mats.

»Wenn alle Namen eine Bedeutung haben, was heißt dann Tanu?«

Tanu sog an ihrer Cola und lächelte. »Fünf.«

»Fünf?« Ava blickte Tanu überrascht an.

»Ja. Wie die Nummer fünf.«

»Weshalb haben dir denn deine Eltern diesen Namen gegeben?«

»Weil ich das fünfte Kind bin. Sie haben uns einfach durchnummeriert. Meine kleinste Schwester heißt Kumi – Zehn.«

»Zehn!«

Jetzt lachte Tanu. »Das ist besser, als Pub Hol zu heißen wie viele andere ...«

»Pub Hol? Was bedeutet das denn?«

»Na, wenn am Geburtstag eines Kindes Feiertag ist, dann steht da statt dem Namen eines Heiligen, der sie inspirieren könnte, eben Pub Hol, für *Public Holiday* …«, erklärte Mats mit einem Augenzwinkern. »Willst du Suaheli lernen, Ava?«

»Warum nicht? Wenn ich schon hier bin …!«

»Das gefällt mir«, sagte er und seine unglaublich blauen Augen strahlten sie an. »Du hast heute sowieso klasse Arbeit geleistet. Ich habe dich wirklich mitten in den Job geschmissen. Bravo!«

Ava wurde bei seinen Worten und unter seinem Blick warm, irgendwo zwischen Herz und Magengrube und auch noch drumherum. Ihr Herz schlug schneller und sie senkte rasch die Lider. Eigentlich sollte sie sauer auf Mats und seinen Managementstil sein. Stattdessen erfüllte sie sein Lob mit mehr Stolz als zehn Abiturzeugnisse. Das hier, eine Sache im richtigen Leben, hatte sie gut gemacht. Sagte er. Und meinte es auch so, das spürte sie.

»Viele *Wazungu* machen sich nicht die Mühe, Suaheli zu lernen«, sagte Tanu.

»Was heißt denn *Wazungu*?« Ava kam sich bei all ihren Fragen langsam albern vor.

»Es ist die Mehrzahl des Wortes *Mzungu*, was ›weißer Mann‹ bedeutet.«

»So, wie du das sagst, Tanu, klingt das so ehrfürchtig: *Mzungu* …« Ava ließ sich das Wort auf der Zunge zergehen. »So, als wären wir alle reich und klug.«

»Seid ihr das nicht?«, fragte Tanu forschend.

Ava lachte kurz auf, ehe sie den Kopf schüttelte. »Nein, ganz sicher nicht.«

Mats sah auf seine bunte Swatch. »Iss auf, Ava. Es wird dunkel. Du solltest im nächsten *Matatu* sitzen. Ich gehe noch zurück und lade die Sachen ins Auto, ehe die Langfinger kommen. Ewig lassen die sich nicht durch Solo abschrecken. Da habe ich eher Angst um ihn. Nicht dass er noch im Kochtopf landet.«

»Soll ich dich ins Flora Hostel begleiten?«, fragte Tanu Ava.

»Wohnst du denn nicht dort?«, hakte Ava erstaunt nach.

»Nein. Ich wohne hier, in Kibera. Ich arbeite nur unter der Woche im Hostel. Am Wochenende helfe ich Mats. Und abends, wenn alle im Bett sind, studiere ich.«

»Was denn?«

»Buchhaltung.«

Ava verschlug es die Sprache. Sie dachte an die Tage, die sie sich im letzten Monat nur faul und selbstmitleidig im Bett gesuhlt hatte. Ferner konnten sich zwei Welten fast gar nicht sein, so viel war klar. Aber sie mochte Tanu einfach. Und jetzt bewunderte sie sie noch dazu. Wie schaffte sie das alles?!

»Nein, danke«, sagte Ava. Eine andere Antwort war ihr nicht möglich. »Wenn du mich nur in den richtigen Bus setzt, schaffe ich das allein.«

Tanu nickte und es wirkte dankbar. Ava straffte sich. Sie war vielleicht ein Greenhorn, aber sie wollte niemandem zur Last fallen. Zumindest nicht mehr als notwendig.

»Okay. Dann hast du auch gerade noch genug Zeit«, grinste

Mats, als er aufstand und einige dieser unglaublich abgenutzte Geldscheine auf die Theke legte. Welkeres Geld als Kenia-Schillinge hatte Ava noch nie gesehen.

»Zeit? Wofür?«

»Na, um nach Hause zu gehen und dich umzuziehen. Ich gehe heute Abend ins Carnivore. Kommst du mit?«

»Was ist denn jetzt schon wieder das Carnivore? Sorry, ich stelle Fragen über Fragen ...«

»Das ist normal. Das Carnivore ist ein Restaurant und gleichzeitig ein Nachtclub. Eine Institution! Eigentlich ist es dort am Mittwochabend am besten, weiß der Teufel warum. Aber Samstag sollte auch nicht schlecht sein. Ich habe ein paar Freunde, die heute Abend aus dem Hochland hergefahren kommen, um tanzen zu gehen.«

»Wie weit ist das Hochland denn weg?«

»Ach, nicht so schlimm. Drei oder vier Stunden. Kommt bei dem Regen auf die Straßen an. Viele Wege sind da oben nicht geteert, und wenn der *Black Cotton Soil* nass wird, dann ist das die Hölle. Eine rutschigere Straßenoberfläche gibt es nicht. Da hilft nur eines: ordentlich Gas geben und so schnell wie möglich fahren.«

Tanu kicherte, und auch Ava musste lachen, ehe sie ungläubig fragte: »Sie fahren drei bis vier Stunden, nur um tanzen zu gehen?!«

»Klar. Was soll man sonst an einem Samstagabend auf einer Farm machen, wenn man jung ist? Die *Dudu*s zählen, die einem ins Marmeladenglas fallen? *Dudu*s sind Käfer, ehe du fragst. Ich habe das auch gemacht, ehe ich nach Nairobi gezogen bin. Also, komm, das wird witzig!«

Ava fiel auf, dass Tanu schweigend zwischen ihnen saß. »Kommst du denn auch mit, Tanu?«

Die warf Mats einen fragenden Blick zu und er nickte. »Natürlich bist du auch eingeladen!«

Tanu schien zu zögern, doch Ava schlang ihr unvermittelt einen Arm um die schmalen Schultern. »Das Leben kann nicht nur aus Arbeit bestehen, okay? Bei deinem Pensum musst du auf jeden Fall mit uns zum Tanzen kommen!«

Tanu überlegte noch kurz, ehe sie sagte: »Okay. Danke für die Einladung, Mats. Ich muss mich jetzt um die anderen kümmern, ehe ich ausgehe.«

»Klar doch«, sagte Mats.

»Ich komme so um neun ins Hostel, in Ordnung?« Tanu wickelte ohne Umstände die Hälfte ihres *Nyama Choma* in ihre Serviette und steckte das Fleisch in ihre Tasche.

»Okay. Bis später, Tanu. Wir teilen uns vom Hostel aus ein Taxi. So viel Luxus muss sein«, sagte Ava.

Mats und sie sahen Tanu nach, die sich sicher ihren Weg durch das Gewusel und das Labyrinth von Kibera bahnte.

»Um welche anderen muss sie sich kümmern?«, fragte Ava.

Mats sah Tanu ebenfalls nach, bis sie im abendlichen Gewimmel verschwunden war. Ava fielen die kleinen Lachfältchen um seine Augen auf. Er zögerte den Bruchteil einer Sekunde lang. »Um ihre Geschwister. Das Übliche eben.« Es klang glatt. Zu glatt.

Ava nickte dennoch verständig.

»Komm«, sagte Mats und fasste sie unter. Ich bringe dich zum *Matatu*.«

In der abendlichen Kühle von Kibera spürte sie seine Hand warm durch den dünnen Stoff ihres Hemdes.

Die Dämmerung senkte sich um sie: ein Wirbel von Orangenmarmelade, Blaubeere und Purpur mischte sich am unglaublich weiten Himmel. Die Geräusche des Slums stiegen zu den Wolken, und in den Gestank des Tages mischte sich der Geruch von Tausenden von Herdfeuern.

Sie kamen an der *Matatu*-Haltestelle an. Mats berührte leicht Avas Schulter und sie bekam eine Gänsehaut. Ach, Blödsinn, ihr war nur kalt, entschied sie.

»Bis nachher, Ava. Sicher, dass du okay bist?«

»Sicher«, sagte sie, obwohl sie alles andere als das war.

»Gut. Ich hole euch ab und wir fahren gegen zehn zum Carnivore. Vorher sind dort nur Touristen in diesen Westen voller Laschen und Taschen.« Er zwinkerte ihr kurz zu und beugte sich plötzlich nach vorn, um sie auf beide Wangen zu küssen. Sie spürte seine Bartstoppel und roch den letzten Hauch seines Aftershaves, das den Tag in Kibera überstanden hatte. Die Nähe dauerte nur ein, zwei Sekunden, doch Ava war plötzlich schwindelig.

»Alles klar?«, fragte er noch einmal, und seine blauen Augen wirkten wie tiefe Seen, in denen man ganz leicht und wunderbar ertrinken konnte.

»Alles klar«, murmelte sie benommen.

Zwei Welten in einer Dritten

Ava sah Mats in eine der unzähligen kleinen Gassen abbiegen, wo die Dämmerung und die Menschenmassen ihn verschlangen. Furcht schien er keine zu kennen, oder tat er nur so? Ihr Herzschlag beruhigte sich etwas. Eben, in den Sekunden in Mats' Armen, war er auf Turbo gegangen. Das war natürlich nur die Überraschung gewesen, ihn so plötzlich so nahe zu spüren, redete sie sich schnell ein. Weshalb prickelte ihr Nacken dann so? Das kannte sie schon: Wahrscheinlich war ihr Kopf jetzt rot wie eine Tomate. Gott sei dank war er schon gegangen!

Als der *Askari* ihr mit einem freundlichen Gruß das Tor des Flora Hostels öffnete, brachen plötzlich alle Eindrücke des Tages wie eine Flut über sie herein. Ava war so müde wie noch nie zuvor in ihrem Leben: Ihr Körper war schwer wie ein nasser Sack und sie konnte kaum mehr einen Schritt vor den anderen setzen. Stiefel und Hose waren bis zu den Knien mit rotem Matsch und stinkendem Dreck von Kibera beschmiert. Jeder Knochen schmerzte ihr, und ihre Augen brannten vom Staub der Stadt wie auch von der Intensität der Bilder, die sie in sich aufgenommen hatte. Ihr Magen verknotete sich, als sie wieder an das Kind in der stinkenden Kloake dachte, das sie am Morgen an einem Maiskolben hatte knabbern sehen. Was für eine Chance hatte es je? Wenn sie schon nach einem Tag so empfand, wie empfand dann jemand, der in Kibera aufwuchs? Würde sie auch stehlen und rauben, nur um zu überleben? Sie konnte es nicht mit letzter Gewissheit sagen.

Es gab auch andere Wege aus dem Elend, auch wenn sie steil und steinig waren. Tanu war auf einem solchen Weg. Sie arbeitete jede wache Stunde und studierte dann noch, wenn alle anderen schliefen. Alle anderen: ihre Geschwister. *Das Übliche eben.* Wie seltsam gleichmütig Mats' Stimme bei diesen Worten geklungen hatte! Gerade das machte Ava neugierig.

Ihr Nacken kribbelte wieder, als ob jemand sie beobachtete: Sie blickte hin zum Haupthaus und erschrak: Im Fenster des Büros sah sie Johns Gesicht. Er verfolgte jede ihrer Bewegungen aus dunklen Augen. Dabei presste er seine Nase gegen die Fensterscheibe und musterte sie ausdruckslos. Weshalb? Ava stockte wie gegen ihren Willen in ihrem Schritt und auf ihren Armen bildete sich erneut eine Gänsehaut.

»Ava!«, hörte sie da jemanden rufen.

Sie wandte sich um, dankbar, John ignorieren zu können. In der offenen Tür, die zum Speisesaal im Haupthaus führte, stand Sister Elisabeth. Ava ging eher widerstrebend zu der kleinen alten *Consolata*-Sister, die das Hostel leitete. Ihre Uniform war wieder blendend weiß und ihr graues Haar sorgsam zu einem Knoten gebunden.

»Ja, Sister Elisabeth?« Elisabeth reichte ihr gerade mal bis zur Brust, doch ihre eisblauen Augen musterten Ava neugierig. Ihr entging nichts, so viel war klar. Sie erinnerte Ava plötzlich an Yoda aus »Star Wars«. Gleich sagte sie sicher so etwas wie: *Geduldig du sein musst mit dir und anderen* ... Der Gedanke war lustig, doch Avas Mundwinkel fühlten sich so schwer und bleiern an wie ihre Glieder. Irgendwie gab es gerade sehr wenig zu lachen.

»Na, wie war es heute?«, fragte Sister Elisabeth sie.

Ava wollte schon irgendeine glatte Lüge loslassen, als Elisabeth ihr eine Hand auf den Oberarm legte. »Ich meine, wie war es *wirklich*?«

War sie so einfach zu durchschauen? Avas Augen füllten sich mit Tränen und sie schüttelte nur stumm den Kopf.

»Oje«, murmelte Sister Elisabeth. »Komm her, Mädchen.«

Sie umarmte Ava ohne weitere Umstände. Ihr Schwestern-Outfit roch nach Waschpulver und Stärke, als Ava ihre Nase an Elisabeths Schulter vergrub. Die alte Frau wiegte sie hin und her und Ava schluchzte auf.

»Kibera ist so hart. SO hart, ich weiß. Mich schockiert es auch immer wieder, obwohl ich schon vierzig Jahre hier lebe. Komm rein, Ava, und iss Pasta. Gott hat Pasta erfunden, um die Seele satt zu machen. Pasta, Sonne und Liebe. Ich bin Italienerin, ich weiß das.«

»Das kann ich jetzt nicht«, sagte Ava und schnäuzte dankbar in das Taschentuch, das Sister Elisabeth ihr reichte. »Ich will nichts essen. Wie kann ich essen, wenn ...« Sie brach ab und rang nach Atem.

»Du *musst* aber, Ava. Nur weil du hungerst, wird niemand anders satt. Du brauchst Kraft, um zu helfen. Nichts kostet mehr Kraft, als zu helfen. Glaub mir.«

Als Ava sich von Elisabeth in den vollen freundlichen Speisesaal ziehen ließ, in dem ein langer Tisch voll Antipasti, Pasta und Fleisch stand, wusste sie plötzlich nicht mehr, ob sie dazu die Kraft hatte: zu helfen.

Aber sie setzte sich dennoch allein an einen kleinen Tisch und aß und aß und aß, bis sie sich vorkam wie eine Riesenschlange. Dann hielt sie inne. Das Neonlicht flackerte an der Decke und der Ventilator drehte sich müde über ihrem Kopf. Aber der Raum war sauber und warm. Die Menschen darin aßen und redeten zufrieden miteinander.

Noch heute Mittag in Kibera hätte sie das nicht für möglich gehalten: dieses einfache Nebeneinander der Welten. Wie viele Menschen überschritten in diesem Land jeden Tag für ihre Arbeit gedankenlos diese unsichtbare Grenze, die durch Einkommen und, wenn man ehrlich zu sich war, auch durch die Hautfarbe bestimmt wurde?

Kein Weißer lebte in Kibera und auch keiner der vielen, vielen kenianischen Inder.

Nein, Kibera war schwarz.

Gut eine halbe Stunde später betrat Ava den Hof. Über Nairobi hatte sich eine samtene Dunkelheit gelegt. Der weite schwarze Himmel wurde wieder zu einer Bühne für Millionen von Sternen. Die ersten Motten flatterten um die Laternen, die im Hof brannten, und die Luft schmeckte süß nach dem letzten Duft der vielen Blumen. Auf den langen Blättern der Farne saß ein handspannenlanges Chamäleon und musterte Ava neugierig.

Wow, dachte sie plötzlich. Das Essen hatte ihrer Seele wirklich gutgetan. Vielleicht wussten die Italiener wirklich, wo es langging: Pasta, Sonne und Liebe. Was Sister Elisabeth wohl von Letzterem verstand? Hatte sie ein anderes Leben gehabt, ehe sie eine *Consolata*-Sister wurde? Seit vierzig Jahren war sie hier. Die vielen Geheimnisse des Daseins, dachte Ava bei sich, als sie in ihrem Zimmer ankam, angeekelt ihre Kleider in eine Ecke warf und sich unter die heiße Dusche stellte. Sie ließ das Wasser auf sich niederprasseln, endlos lange, ganz egal ob das nun Verschwendung war!

Gerade als sie sich abtrocknete, klingelte ihr Telefon. *Mama*, stand auf der Anzeige. Ava hechtete geradezu nach dem Handy.

»Mama«, schluchzte sie sofort ohne einen weiteren Gruß in ihr Telefon.

»Mein Gott, Ava, was ist denn los? Alles in Ordnung? Hat dir jemand wehgetan?«

»Nein. Nein. Es ist nur …«

Sie erzählte ihrer Mutter alles haarklein und die hörte nur zu. Dann schwieg sie einen Augenblick lang, ehe sie sagte: »Weißt du was, Ava?«

»Ja? Was?«

»Du kannst die Schuld der Welt nicht auf deine Schultern laden. Wenigstens bist du nun dort und machst *etwas*. Ich bin SO stolz auf dich. Der erste Tag ist natürlich der schwerste, aber du hast es gepackt. Und jetzt überleg dir, was du heute zum Tanzen anziehst, okay? Ich rufe dich morgen Abend wieder an. Erste Wochenenden in einer fremden Stadt sind verdammt schwierig. Und noch dazu, wenn es eine Stadt wie Nairobi ist.«

»Okay. Danke, Mama.«

Ava legte auf, wischte sich die Augen und betrachtete ihren noch immer unausgepackten Koffer. Ihre Mutter hatte ganz recht: Sie sollte sich jetzt zum Tanzen umziehen. Aber zuerst stopfte sie die Weste mit den Laschen und den Taschen ganz nach hinten in den Kleiderschrank. Der Gedanke an Mats gab ihr neue Kraft und neue Lebenslust. Wie seine Augen geleuchtet hatten, als er ihr beim *Nyama Choma* ein Kompliment über ihren Mut und ihre Haltung gemacht hatte. Und diese Nähe, als er sie plötzlich auf die Wangen geküsst hatte … Allerdings, rief sie sich sofort streng ins Gedächtnis, konnte er auch verdammt eigensinnig und befehlerisch sein. Egal. Sie gingen ja nur tanzen. Als Kollegen eben. Und vielleicht als Freunde.

Also, was um Himmels willen zog man zum Tanzen in einem Club in Nairobi an? Kleines Schwarzes? Langes Buntes? Avas Finger flatterten frustriert durch die Kleider in ihrem Koffer, als ihr Telefon auf einmal piepste.

Ich habe den ganzen Tag an Dich gedacht! xx Mogens

Aber ich nicht an dich, gestand sich Ava ein. Überhaupt nicht und kein einziges Mal.

Sie drückte die Nachricht weg.

Das Carnivore

Tanu erhob sich von einer Bank im Schatten des Haupthauses, als Ava gegen zehn auf das Tor zutrat. Termiten flogen in die beiden Laternen am Ausgang und verendeten zischend. In den Büschen und Farnen sangen unzählige Zikaden. Die Luft schmeckte kühl und vom Regen feucht, aber dennoch so gut, dass man sie trinken wollte. Ava bekam Gänsehaut. Das *hier* hatte was, auch wenn sie nicht sagen konnte, was.

»Wartest du schon lange?« Ava hatte plötzlich ein schlechtes Gewissen. Hätte sie Tanu in ihr Zimmer bitten sollen, so wenig gastlich es auch war?

Die aber schüttelte den Kopf. »Nein. Ich sitze gern einfach da und habe mal etwas Ruhe.« Sie lachte. »Das kommt so selten vor.«

»Du siehst toll aus«, gab Ava zu. Tanu trug ein kleines schwarzes Kleid, das in Kombination mit schlichten schwarzen Plateauschuhen ihre langen schlanken Beine sehr vorteilhaft betonte. Durch ihre eng an den Kopf geflochtenen Haare traten die großen Kreolen an ihren Ohren besonders hervor. Ava selbst hatte sich für ihr bewährtes Maxikleid entschieden und war in lederne Flip-Flops geschlüpft, deren Riemen mit

Strass bestickt waren. Ihre Haare hatte sie hoch am Hinterkopf zu einem straffen Pferdeschwanz gebunden.

»Wo hast du das Kleid her?«, fragte sie Tanu. »Und die Schuhe?« Alles sah verdammt teuer und so gar nicht nach Nairobi aus.

Tanu zuckte die Schultern. »Woher wohl? *Motumba* in Gikomba. Der beste Markt in Nairobi. Aber ich habe das Kleid bestimmt dreimal gewaschen und gestärkt, bis es so saß. Wenn du willst, dann gehen wir kommendes Wochenende dort zusammen bummeln. Das mache ich für mein Leben gern. Auch wenn ich es nur selten kann …«

»Ich shoppe auch so gern«, sagte Ava.

»Na, dann hoffe ich, dass du am kommenden Wochenende sonst noch nichts vorhast …«

Beide lachten, als das Licht von Scheinwerfern über die Mauer des Flora Hostels streifte. Ein Wagen kam vor dem hohen, mit Stacheldraht gekrönten Tor des Hauses zum Stehen. Der *Askari* öffnete ihm.

»Das ist Mats. Komm, wir gehen tanzen!«

In Ava blubberte es plötzlich vor Leichtsinn und Lebensfreude, Gefühle, die durch den Tag, seine Arbeit und Eindrücke streng im Zaum gehalten worden waren. Nun war es dunkel und alle Katzen sollten grau sein! Sie musste sich nicht mehr zusammenreißen, wie es am Tag der Fall gewesen war. Mats stieg aus, kam um den Wagen herum und öffnete beide Türen auf Avas und Tanus Seite. »Eingestiegen, die Damen. Jetzt kann's losgehen.« Ava bemerkte sogleich, dass der Land

Rover oberflächliche Spuren von Säuberung aufwies. Was ihr auch auffiel, war, wie gut Mats in seiner dunklen Jeans und dem leuchtend grünen T-Shirt aussah. Der Gedanke verwirrte sie, und deshalb murmelte sie nur reserviert »Danke«, als sie in den Wagen einstieg. Dabei ging sie ganz nah an Mats vorbei und sog wieder sein After Shave ein, das nun stärker war als vor ein paar Stunden in Kibera.

Ava stieg aus und sah über den vollen Parkplatz hin zum Eingang des Carnivore, vor dem in alten Ölfässern Feuer hell in die Nacht loderten. Ihr Herz schlug ein wenig schneller und sie war nervös. Was würde die Nacht noch bringen? Die Stimmen der an der Kasse Wartenden drangen bis zu ihr hin. Sie sah Gruppen von staunenden, verschüchtert wirkenden Touristen; weiße Kenianer, die an der Selbstverständlichkeit zu erkennen waren, mit der sie sich dem Eingang näherten, junge Leute indischer Herkunft – wobei sich die Gruppen der Männer von den Frauen getrennt hielten – und viele schwarze Kenianer, die noch eine Zigarette rauchten, ehe sie den tunnelartigen, mit Dschungelmotiven verzierten Eingang des Carnivore betraten. Der süße Duft der *Sportsman*-Zigaretten mischte sich in die kalte Nachtluft, und Kies knirschte unter Avas Füßen, als sie mit Tanu und Mats auf das Tor zuging. Kibera schien vergessen – oder gerade nicht. Ava atmete tief durch. Die Aussicht auf Musik, Drinks und Gespräche mit neuen interessanten Leuten war genau das, was sie jetzt brauchte!

Sie tauchten in den Tunnel zur Tanzfläche hinein, in dem

ein ausgestopfter und von Motten zerfressener Löwe in einem Glaskasten sein Maul aufriss. Dem Tier fehlten einige seiner Zähne, und sein Fell wies Löcher auf, die nur von Gewehrkugeln stammen konnten. Mats drehte sich zu ihr um. »Das ist Leslie. Früher mal vielleicht der größte und gefährlichste Fleischfresser der Savanne. Heute sitzt der arme Kerl unter Glas, weil die Leute einfach zu viel Quatsch mit ihm gemacht haben.«

Sie betraten das Haupthaus, wobei sich Tanu scheu zwischen ihnen hielt. Ava dagegen nahm alles in sich auf. Die lange Bar in der Mitte des großen Raumes, über dem sich das Dach aus Palmblättern spannte, die Tanzfläche, die bereits voller Leute war und über der sich Ventilatoren drehten. Das Carnivore war gerammelt voll mit Menschen aller Hautfarben: Weiße, Schwarze, Inder. Ava gefiel das! Noch mehr gefiel ihr die Art, wie die anwesenden Männer sie musterten. Nach den Wochen der selbst auferlegten Quarantäne tat das verdammt gut, auch wenn es vielleicht eitel und oberflächlich war.

»Magst du was trinken?«, schrie ihr Mats ins Ohr.

»Gern. Einen Mojito.«

»Ich nehme dasselbe«, sagte Tanu, die sich noch immer eng an Ava hielt. Die drehte sich nach Tanu um.

»Was ist denn los, Tanu? Alles klar?«

Tanu zuckte mit den Schultern. Irgendwie schien ihr nicht ganz wohl in ihrer Haut zu sein. Sie trat von einem Bein auf das andere. »Es ist komisch, einfach so hier zu sein«, gab sie dann zu.

Ava sah sich kurz um. »Wieso denn das? Es sind doch so viele junge kenianische Frauen hier!«

Tanu lachte kurz. »Weißt du was, Ava? Du bist richtig süß, so blind, wie du bist. Schau dir doch die anderen schwarzen Frauen mal an. Weshalb, glaubst du, sind sie hier?«

Ava schaute zur Bar und auf die Tanzfläche. Sicher, es gab einige Paare, hellhäutiger Mann und schwarze Kenianerin, oder auch rein kenianische Pärchen, die offensichtlich *wirklich* zusammen waren. Aber der Großteil der jungen Kenianerinnen, die mit Männern oder zusammen in Gruppen tanzten, waren aus nur einem Grund hier, verstand Ava plötzlich. Ihre Outfits, oben tief ausgeschnitten, unten kurz gehalten und im Ganzen knalleng, ließen keine Fragen offen: Sie gingen dem ältesten Gewerbe der Welt nach.

Als Ava sich mit offenem Mund wieder zu Tanu wandte, lachte die noch mehr. »So ist das, Ava. *Deshalb* ist es für mich komisch, einfach so hier zu sein: Ich bin weder mit einem reichen jungen Kenianer zusammen noch bin ich eine Prostituierte. Aber weißt du was? Ich verurteile niemanden. Wir alle müssen überleben. Und überleben lassen. Der Dschungel endet nicht an der Grenze zur Stadt. Er endet auch nicht in Kibera. Er endet, wenn überhaupt, in unserem Herzen.«

Ava griff dankbar nach dem Mojito, den Mats ihnen brachte.

In diesem Augenblick schlang sich ein Arm von hinten um Tanus Bauch. Ein großer Mann mit Cowboyhut auf dem Kopf und einem Glas Bier in der Hand hob sie hoch und presste sie an sich, obwohl sie in der Luft zappelte und sich wehrte.

»Mats Nilsson!«, röhrte der Fremde und prostete Mats zu. Er hielt dabei Tanu noch immer in der Luft, als sei sie leicht wie eine Feder. Die zappelte und wand sich in seinem Griff, aber umsonst.

»Lass Tanu los«, sagte Mats sofort und stellte sein Glas auf der Theke ab.

Der andere schwankte etwas und der Schweiß lief ihm in Strömen über sein rotes Gesicht. Er setzte Tanu tatsächlich ab, gab ihr noch einen kleinen Stoß und sah von ihr zu Ava und dann zu Mats, ehe er dreckig grinste. »Auf was für Abwegen treibst du dich denn rum? Bei dem Spiel mache ich gern mit. Die Regeln kapiere ich allemal … Vielleicht kann ich euch sogar ein paar Sachen zeigen, die ihr noch nicht kennt.« Er packte Tanu wieder und schleckte ihr über den nackten Hals. Ava fiel vor Entsetzen fast ihr Glas aus der Hand und Tanu wandte angeekelt den Kopf ab.

»Lass das, Troy, du Sau.« Mats stieß ihn grob gegen die Schulter und fauchte: »Du bist immer noch so ekelhaft wie früher. Verschwinde. Wir wollen hier einen schönen Abend haben.«

Troy ließ Tanu los, funkelte Mats aber verächtlich an. »Und du? Immer noch auf dem hohen Ross, Mats? Lässt du mal wieder den Gutmenschen raushängen?« Er lachte. »Du hast dich auch seit der Schulzeit nicht verändert. Negerficker.« Er stellte sein schweres volles Glas ebenfalls ab und krempelte seine verschwitzten Hemdsärmel hoch. »Komm doch her, wenn du die Ehre deiner Freundinnen hier verteidigen willst.«

»Ich will mich nicht schlagen«, sagte Mats mit zusammengebissenen Zähnen.

Avas Puls raste. Sie hasste Situationen wie diese. *Hasste* sie: dumpfbackig und überflüssig. Gleichzeitig gefiel ihr Mats' beherrschte Art, mit der Lage umzugehen. Nein, er sollte sich bitte nicht schlagen!

»Ha, Feigling!«, knurrte Troy und imitierte dann Mats mit einer Fistelstimme: »Ich will mich nicht schlagen. Bist genauso wie dein Großvater und dein Vater. Zu nichts gebracht … immer nur Verwalter, nie Eigentümer der Farm, was? Du Mädchen!«

Mädchen?!, dachte Ava empört. Bloß weil Mats sich nicht schlagen wollte und etwas für andere tat?

Troy grinste schon wieder und zwinkerte Ava und Tanu zu. »Mädels, wenn ihr einen richtigen Kerl spüren wollt, hier ist er! Ich bin Troy Winter!« Er wollte wieder nach Tanu grapschen, doch nun tat Mats einen Satz nach vorn und packte ihn am Kragen. Troy schnappte überrascht nach Luft und auch Ava hielt den Atem an. Beide waren ungefähr gleich groß und jeden Moment, das war Ava klar, ging es hier rund.

Um sie stand nun plötzlich eine ganze Gruppe junger Männer, die alle dieselbe Art Cowboyhut wie Troy trugen. Sie johlten: »Los, Troy, mach das Weichei fertig!«

Mats hielt Troy noch immer am Kragen und zischte: »Verschwinde, habe ich gesagt. Ich wäre nicht so stolz darauf, als koloniales Fossil durch die Gegend zu laufen.«

Troy dagegen holte unter dem Gejubel seiner Kumpels aus,

um Mats einen Kinnhaken zu verpassen, doch Ava war schneller. Sie hatte wirklich keine Lust auf eine Prügelei und darauf, sich den Abend verderben zu lassen!

Ihr wurde fast schwindelig von ihrem eigenen Mut, doch sie packte Troys schweres Bierglas, das er an der Theke abgestellt hatte, und rief: »In Deckung, Mats!«

Das Bier schwappte aus dem Glas mitten in Troys Gesicht, doch Ava hatte zu viel Schwung geholt: Der Krug glitt ihr aus der Hand und knallte Troy gegen die Stirn.

Alles schien wie in Zeitlupe zu geschehen. Troy sah Ava grenzenlos überrascht an, als das Glas an seiner Stirn zersplitterte. Dann öffnete sich an seiner Stirn eine Wunde, so rot wie ein zweiter Mund in seinem Gesicht, und das Blut strömte vermischt mit dem Bier über seine Augen.

»Oh Gott!«, rief Ava und schlug sich entsetzt die Hände vor den Mund. Was um Himmels willen hatte sie getan?

Troy sackte in die Knie und kippte nach vorn. Mats wich dem schweren fallenden Körper gerade noch aus. Einen Augenblick lang herrschte erstauntes Schweigen in der ganzen Runde.

»Wow«, sagte Mats dann leise. »Ich meine: *wow!*«

»Ava«, keuchte Tanu und legte sich beide Hände an den Kopf. Sie zitterte, als sie sagte: »Du bist einfach unglaublich!«

»Hey, spinnt ihr?« Aus der Gruppe der jungen Männer löste sich einer, ging neben Troy in die Knie und betastete dessen Schädel. »Wenn der mal nicht gebrochen ist«, sagte er und sah Ava an. »Was hast du dir dabei gedacht? Wie soll er so am kommenden Samstag vor den Altar treten? Wir feiern hier seinen Junggesellenabschied.«

Er presste die Lippen zusammen und richtete sich auf – drohend? Nicht drohend? Er war so groß, dass Ava es schlecht beurteilen konnte. Sie musste den Kopf in den Nacken legen, um ihm in sein Gesicht zu sehen, doch ihr Blick blieb schon an seiner Kleidung hängen: ein absurd poppig geblümtes Hemd, gestreifte Jeans und eine alte Weste, die auch von seinem Urgroßvater stammen könnte.

Inzwischen waren auch die anderen aus der Gruppe aus ihrer Schockstarre erwacht und eilten zu Troy, der sich bereits wieder zu regen begann.

Ava schob trotzig ihr Kinn vor, eine Geste, die ihre Mutter »mauern« nannte. Dazu verschränkte sie die Arme vor der Brust. Dennoch stammelte sie etwas, als sie sagte: »Ich wollte das nicht. Ich meine, ich wollte ihm schon das Bier ins Gesicht schütten. Aber nicht ihn k. o. schlagen, okay? Er hat sich wirklich unmöglich benommen. Und so werden Probleme da gelöst, wo ich herkomme.« Sie versuchte, ihre Stimme fest klingen zu lassen, doch sie zitterte plötzlich am ganzen Leib.

In Wahrheit hatte sie natürlich noch nie ein Problem auf diese Weise gelöst, doch irgendetwas gab ihr den Mut der Verzweiflung und eine große Klappe. Vielleicht einfach die Tatsache, dass sie hier keiner kannte?

Der Typ mit der Weste sah auf sie herunter und musterte sie noch immer genauso ernst. Die Augen hinter seiner trendigen Hornbrille waren von einem stählernen Blau und sein Blick durchdringend. Um sie herum schwiegen alle, als er sie nun fragte: »Wo kommst du denn her?«

Ava räusperte sich. »Aus Bayern, in Deutschland.« Plötzlich löste sich das Gesicht des jungen Mannes in ein Lächeln auf, das umso attraktiver wirkte, weil es komplett unerwartet kam. »Bayern. Dort sind die Alpen, nicht wahr? Da habe ich mein Flugzeug gekauft.« Ava nickte stumm, als er schon weitersprach: »Dann erstaunt mich dein Verhalten nicht. Wir haben auch immer Probleme mit unseren Bergvölkern. Stur und stolz.«

Ava musste sich trotz ihres Schocks und der Wut ein Lächeln verkneifen. Bergvölker! Na ja, so unrecht hatte der Typ vielleicht gar nicht …

Er tippte sich an den Cowboyhut. »Ich heiße James Cecil. Mats, willst du mir nicht deine Freundin vorstellen?«

»Ich bin nicht seine Freundin«, rutschte es Ava heraus.

Mats rieb sich die Hände an seinem Hemd ab, so, als ekele ihn der Gedanke, Troy berührt zu haben. »Hi, James. Das ist Ava. Sie hat gestern ein Praktikum bei unserer Organisation angefangen«, sagte er mürrisch.

»Gestern erst? Nicht schlecht! Für ein Greenhorn sorgst du ja ganz schön für Wirbel.« James grinste und schob sich den Cowboyhut in den Nacken, sodass Ava sein kurzes dunkles Haar sehen konnte. Nur an den Wangen hatte er so etwas wie Koteletten. Es passte zu seiner ganzen exzentrischen Aufmachung wie auch zu seinem extrem selbstsicheren Auftreten. Er benahm sich, als gehöre der Club ihm – und wirkte dabei doch nicht überheblich, eher als sei es eine Selbstverständlichkeit, über die nicht weiter gesprochen werden musste. Ava musterte ihn erneut eingehend. Wie groß war er, zwei Meter oder was?

James wandte sich kurz zu Troy um, der gerade von seinen Kumpels wieder auf die Beine gehievt wurde, und blickte dann Tanu an. Ava glaubte, in seinen Augen so etwas wie Bedauern zu entdecken. »Sorry. Mein Kumpel hier hat sich wirklich unmöglich benommen. Und wenn er nächste Woche mit Verband heiraten muss, dann hat er das verdient«, sagte James zu ihr.

»Schon gut«, sagte Tanu. Aber es klang nicht überzeugt.

»Hey, James. Wollen wir Troy noch die Augenbrauen abrasieren? Was glaubst du, was für Ärger er mit seiner Braut bekommt!«, schrie einer seiner Kumpel.

»Und wir scheren ihn kahl!«, schlug ein anderer vor. »Oder schneiden ihm ein Zickzack-Muster in die Haare!«

»Nein. Ich habe einen Trichter im Auto. Wir füllen ihn noch mit Gin ab!« Alle heulten vor Vergnügen und schleppten dann den noch immer torkeligen Troy mit sich. Mit Freunden wie diesen brauchte Troy keine Feinde, so viel stand fest …

James blieb noch bei ihr stehen. Ava trat von einem Fuß auf den anderen. Sie wusste nicht, was sie tun sollte.

»Kann, kann ich noch irgendetwas für ihn machen? Ich wollte ihn wirklich nicht verletzen!«, fragte sie schließlich.

James schüttelte nur den Kopf und um seinen Mund spielte ein leicht verschmitztes Lächeln. »Mach dir mal keine Sorgen, Troys Birne hält einiges aus.«

»Der Meinung bin ich auch«, knurrte Mats und drehte sich dann zu Tanu um. »Komm, ich kaufe dir einen neuen Drink. Dieser Vollpfosten Troy hat ihn verschüttet. Ava ... kommst du auch?« Beide wandten sich zum Gehen und Mats sah Ava auffordernd an. Aber irgendetwas ließ sie zögern.

James schien das sofort zu bemerken. »Bleib doch noch kurz«, sagte er schnell. »Ich schulde dir zumindest einen Drink. Als Entschuldigung. Und damit du nicht denkst, wir wären alle so übel wie Troy. Er hatte wirklich nur einen über den Durst getrunken.«

Ava nickte. »Okay. Gern.«

Mats warf ihr einen undeutbaren Blick zu, aber verzog sich dann mit Tanu an die Bar. Dennoch nahm Ava wahr, dass er sich so positionierte, dass er sie und James im Auge behielt. War das seine Sorge als ihr Boss oder geschah es aus einem anderen Grund? Ava wurde unruhig. Der Gedanke, dass Mats eifersüchtig sein könnte, gefiel ihr ausgesprochen gut. Ach Quatsch. Das bildete sie sich nur ein. Er war eben für sie verantwortlich, das war alles.

»Woher kennt ihr euch?«, fragte sie James, um den Gedanken zu vertreiben. Sie versuchte, so cool wie möglich zu klingen. Was nicht einfach war, mit Mats' Blick in ihrem Nacken. Ihr wurde heiß. Mats hielt offensichtlich Abstand zu James. Weshalb? Er hatte sich doch sogar für das Verhalten seines Freundes bei Tanu entschuldigt. War das nicht genug? Man musste Leuten auch eine Chance geben, entschied sie.

James zuckte die Achseln. »Ach. Hier kennt jeder jeden. Es

gibt schließlich nur an die sechstausend Weiße im Land. Irgendwann begegnet man sich.«

Ava fühlte einen kurzen Stich im Magen. Für James schien es völlig normal zu sein, dass hier so vieles nach Hautfarbe lief. *Sechstausend Weiße im Land. Man kennt sich.* Auf sie wirkte das noch ziemlich befremdlich. Aber sie sagte nichts und James redete schon weiter.

»Mats' Vater war mal Verwalter bei Troys Familie, den Winters, die unsere Nachbarn sind. Und wir waren alle auf derselben Schule hier, Pembroke, ehe ich dann auf das Eton College gegangen bin. Aber für Troys Hochzeit schaue ich natürlich mal wieder in der Heimat vorbei.«

Eton! Du lieber Schwan! Davon hatte selbst sie im tiefsten Augsburg schon gehört. Gingen nicht nur Prinzen und zukünftige Premierminister auf diese Schule? Dennoch: immer cool bleiben. »Bist du also auch Kenianer?« Ava ließ ihre Stimme gleichmütig klingen und sog an dem Mojito, den James ganz nebenbei von irgendwoher organisiert hatte. Himmel, dem Barkeeper war aber der Wodka ausgerutscht!

James lächelte wieder, und obwohl seine Lippen schmal waren, erhellte es sein Gesicht. Ava bemerkte die Grübchen in seinen Wangen. Mats hatte die auch, nur tiefer. Vielleicht lag das am kenianischen Wasser, dass die Männer hier so verwirrend charmante Grübchen hatten? Quatsch! Der Mojito stieg ihr anscheinend schon in den Kopf!

James nickte. »Ja. Ich bin ein echter *Vanilla Gorilla*, ein weißer Kenianer. Mein Urgroßvater, Lord Cecil, war einer der ersten weißen Siedler hier im Land. Er kam quer durch Ägypten und den Sudan auf seinem Ochsenkarren gefahren und kaufte das Land unserer Farm den Massai ab. Bei der Unabhängigkeit sind wir dann Kenianer geworden, um unser Land im *Rift Valley* behalten zu können. Kennst du die Gegend dort oben?«

Ava schüttelte den Kopf. Sie hatte sich die Karte von Kenia zwar angesehen, aber war eher von den Namen und Bezeichnungen der Gebiete verwirrt gewesen. Wo war jetzt was?

James half ihr weiter. »Du hast sicher mal Bilder von dem See mit all den Flamingos gesehen, oder?«

»Dem *Lake Nakuru*? Ja.« Sie war stolz auf dieses wenige Wissen.

»Von den Seen gibt es insgesamt drei. Einer davon liegt auf unserer Farm. Ein Sonnenaufgang dort ist unglaublich schön. Du solltest mich besuchen kommen«, fügte er lässig hinzu.

Na, die Einladung kam ja schnell! Zu schnell. Ava verschloss sich etwas. »Hm, ja. Vielleicht. Wenn ich gerade nichts anderes vorhabe. Ich denke, ich gehe jetzt wieder zu Mats und Tanu. Nett, dich kennenzulernen, James. *Vanilla Gorilla!*« Sie lachte. »Ich hoffe, der Rest deines Abends verläuft friedlicher als bisher.«

James aber legte ihr rasch die Hand auf den Arm und hinderte sie am Gehen.

»Warte! Kann ich bitte deine Nummer haben? Ich bin kommendes Wochenende in Nairobi – für Troys Hochzeit, falls seine Verlobte ihn dann noch will. Ich würde dich gern wiedersehen. Mir gefällt die Art, wie du Probleme löst … das flößt mir Respekt ein.« Er lächelte wieder.

»Okay.« Das konnte doch nicht schaden, oder? Ava nannte ihm die Nummer. »Ich wohne im Flora Hostel. Du kannst auch dort anrufen und mir ganz altmodisch eine Nachricht hinterlassen.«

»Mach ich gern. Altmodisch ist meine Spezialität.«

Ava musste lachen. James beugte sich kurz herunter und küsste sie zum Abschied auf beide Wangen. »Ava«, sagte er dann, als koste er ihren Namen. »Wie ein Filmstar. Das gefällt mir. Bis kommendes Wochenende.«

»Vielleicht«, sagte Ava. »Wenn ich Zeit habe.«

»Vielleicht. Genau. Wenn du Zeit hast.« Er lächelte wieder und tippte sich noch mal an den albernen Hut, ehe er zu seinen Freunden ins Restaurant ging, deren Radau noch immer zu hören war.

Ava selbst drängte sich bis zur Bar durch, wo Mats und Tanu mit Leichenbittermienen standen. Sie achtete nicht darauf. In Gedanken wiederholte sie für sich: *Ava. Wie ein Filmstar.* Konnte der Mann etwas Richtigeres sagen? Und sein Urgroßvater war ein Lord gewesen? Das passte ja zu Eton und seinem Flugzeug, das er sich in Bayern geholt hatte. Alles, was sie sich je irgendwo abgeholt hatte, war ein Kätzchen vom Bauernhof! Dazu hatte Ava nicht den blassesten Schimmer, was ihr eigener Urgroßvater gemacht hatte. Wie aufregend all das klang! Kein Zweifel, im Carnivore auszugehen, war etwas anderes, als in Augsburg an der Wunderbar Schlange zu stehen.

»Prost!«, sagte sie zu Tanu und Mats. »Hey, es ist Samstagabend! Wir wollten doch zusammen Spaß haben, oder?«

»Stimmt«, lachte Tanu und auch Mats wirkte schon entspannter.

»Sei nicht so knurrig«, sagte Ava leichthin und griff übermütig nach Mats' Hand. »Komm, wir tanzen.«

Get lucky von Daft Punk schallte gerade aus den Boxen und Ava sprang auf die Tanzfläche. Das war ihre Nacht! Der Rhythmus fuhr ihr nach dem ausgestandenen Schrecken über den blutenden Troy in die Glieder, und jedes Mal wenn das Schwarzlicht Mats' Gesicht traf, leuchtete das Weiß seiner Augen und seiner Zähne auf. Gleichzeitig spürte sie noch immer James Cecils Blick auf sich ruhen.

Es kribbelte in ihrem Nacken und in ihrem Bauch. Nairobi, entschied Ava, war schon am ersten Abend nach ihrer Ankunft gar nicht so schlecht!

Als sie einige Stunden später müde in Mats' Land Rover stiegen und dieser begann, sich vorsichtig über den glitschigen Pfad vor dem Carnivore zu arbeiten, streifte das Licht seiner Scheinwerfer plötzlich James Cecil, der neben seinem Wagen stand und sich am Handy mit jemandem zu streiten schien.

»Sieh an«, knurrte Mats.

James gestikulierte und wirkte wütend. Mit wem er da wohl sprach? Ging sie ja nichts an, entschied Ava, aber Mats schien ihre Gedanken zu lesen. Er warf ihr einen halb kritischen, halb amüsierten Seitenblick zu.

»Mich erstaunt das nicht. Mit irgendwem hat James immer Zoff. Ein echter *Kenya Cowboy* lebt nicht ohne *Shauri*. *Shauris* sind Probleme aller Art, ehe du fragst. Halt dich bitte fern von ihm, Ava.«

»Warum denn, Papi?«, fragte Ava und funkelte Mats an. Das Leben ging los, hier und jetzt, da hatte sie kaum Lust, sich etwas verbieten zu lassen. Auch wenn Mats' Fürsorge ihr ein bisschen gefiel. Es fühlte sich irgendwie *anders* an als Mogens' urgroßväterliche Warnungen, als sie nach Kenia hatte aufbrechen wollen.

Mats blickte sie ernst an: »Weil ich nicht will, dass dir was passiert. Ich habe schließlich auch die Verantwortung für dich.«

»Aber am ersten Tag nach meiner Ankunft allein durch Kibera stiefeln darf ich schon, oder?«, fragte sie herausfordernd. Tanu kicherte auf dem Rücksitz, als Ava schon sagte: »Da droht einer Anfängerin wie mir ja gar keine Gefahr. Alles in schönster Ordnung dort.«

Mats musterte sie kurz und blickte dann wieder konzentriert auf die Straße. »Sorry. Du hast recht. Ich kümmere mich von nun an um dich. Richtig.«

»Wenn ich dich lasse!«

»Wenn du mich lässt ...«

Plötzlich lächelte er, ein Lächeln, das nur ihr gehörte. Es passte zu den Zikaden, deren Zirpen bis in das Auto hereindrang, zu der Welt, die dort draußen dunkel und lockend an ihnen vorbeizog, und zu dem unglaublichen Wirbel der Sterne über ihren Köpfen. Welchen Zauber warf das Land über sie?

Ava schwieg einen Augenblick und erwiderte dann ernst: »Keine Sorge, Mats. Ich passe schon auf. Mit James und auch in Kibera.«

»*Darf* ich mich dennoch um dich kümmern?«, fragte er leise.

Sollte Tanu ihn über dem Brummen des Motors nicht hören, wunderte Ava sich? Mats schaltete, und seine Finger berührten – absichtlich oder unabsichtlich – die von Ava, während sie sich gegen die Schlaglöcher am Sitz festklammerte. Ein kleiner elektrischer Schlag fuhr durch ihren Körper.

»Mmm«, brummte Ava unbestimmt. Mats mit den blonden Locken und den kleinen verschmitzten Grübchen wollte sich um sie kümmern? *That sounds nice.* Dennoch wollte sie die Sache langsam angehen und sich nicht Hals über Kopf in eine Geschichte stürzen. Schon gar nicht mit ihrem Boss – auch wenn der noch so nett und gut aussehend war!

Plötzlich lehnte sich Tanu vom Rücksitz aus nach vorn. Ava rückte unwillkürlich ein Stückchen von Mats ab.

»Dabei hat James ein solches Glück«, sagte Tanu. »Ich kenne niemanden, der in ein so verzaubertes Leben wie er geboren wurde.«

»Es fragt sich nur, zu welchem Preis dieser Zauber kommt«, erwiderte Mats etwas orakelhaft.

Mehr sagten sie beide nicht und Ava fragte auch nicht nach. Ein Gefühl der Schwere zog ihr die Augenlider zu, und alle Eindrücke des Tages vermischten sich zu einem Wirbel an Farben, Gefühlen und Bildern, die sie erst einmal sortieren musste.

Als sie nach Hause kam, hatte sie nicht nur vier verpasste Anrufe von Mogens auf dem iPhone, sondern auch eine Nachricht von James Cecil:

Gute Nacht, natürliche Tochter von Ava Gardner und Muhammed Ali. Ich freue mich auf ein Wiedersehen. J.

Ich freue mich auch, dachte Ava gerade, als ihr Handy erneut piepte.

Danke für den Abend. Hoffentlich bist du nicht von uns Kenya Cowboys schockiert. Träum was Schönes. Mats

Fast wider ihren Willen breitete sich ein Lächeln auf ihrem Gesicht aus. Das konnte spannend werden. Wer gefiel ihr besser, Mats oder James? Keine Ahnung. Die Frage stellte sich ja auch nicht. Oder etwa doch? Sie verbesserte sich: noch nicht.

Ava ging sich die Zähne putzen, schminkte sich ab und schlüpfte dann ins Bett. Gerade als sie einschlafen wollte, klingelte ihr Handy: *Mogens* sagte die Anzeige.

Hatte der Typ noch nie was von Zeitverschiebung gehört?, dachte Ava plötzlich schlecht gelaunt. Hier war es schließlich schon früher Morgen, auch wenn er vielleicht noch irgendwo unterwegs war. Ava wollte jetzt nicht erzählen und erklären. Alles war verwirrend genug.

Sie stellte das Telefon auf leise, ließ seinen Anruf auf den Anrufbeantworter gehen und zog sich das Kissen über den Kopf. Eine Sekunde später war sie eingeschlafen.

Katz und Maus

Am folgenden Montag nahm Ava das *Matatu* zu Mats' Haus in Karen. Sie wollten dort zusammen mit Tanu den nächsten Workshop planen, der in zwei Wochen stattfinden sollte.

Ava reckte den Hals. Dieses Viertel war also nach der Schriftstellerin Karen Blixen benannt, denn es war auf dem ehemaligen Land ihrer Farm. Wow – hier war sie dem Geist von »Out of Africa« so nahe wie nur irgend möglich! Hollywoodpampe, hatte Mogens gesagt – und so unrecht hatte er nicht. Die Bewohner von Karen lebten im Vergleich zu dem Slum, den sie zuvor gesehen hatte, auf einer Insel der Glückseligkeit.

Ava klopfte mit einer Münze an die Fensterscheibe, das *Matatu* hielt mit quietschenden Reifen und sie quetschte sich zwischen den Leuten hindurch an die frische Luft. »Windy Ridge« stand auf einem mit Matsch bespritzten Straßenschild, das in eine lange, von hohen Hecken gesäumte Allee zeigte. Die Straße war ungeteert und mit Schlaglöchern übersät, und Ava versuchte, die übelsten Pfützen zu vermeiden. Auf keinen Fall wollte sie ihre neue Jeans versauen. Die Hose war so eng, dass sie kaum atmen konnte, aber sie machte ein tolles Hinterteil, und das war jetzt wichtig. Am Morgen noch war sie in ihrer Zelle extra auf den Stuhl gestiegen, um sich in dem kleinen Spiegel über dem Waschbecken von hinten zu begutachten. Ein bisschen rund, aber schon okay. Ob Mats das gefiel? Sie zog den Bauch noch mehr ein, während sie über ein weiteres Schlagloch sprang.

Nummer 23 – sie war da. Ava zog sich das Lipgloss nach und wuschelte sich durch die Haare, bis sie sich wie gerade aus dem Bett gefallen und Kate-Moss-artig anfühlten. Am Morgen hatte sie sich sogar etwas Zucker unter die Augenlider gestrichen, um ihren Augen noch mehr Glanz zu geben. Yeah babe!, dachte sie, als der Wachmann ihr mit einem gemurmelten *Jambo* und einem scheuen Lächeln das Tor öffnete. Mats' Land Rover stand in der Einfahrt neben dem Haus: Es war ein alter Siedlerbau, einstöckig, mit vergitterten Fenstern und einer großen Veranda. Das Haus lag inmitten eines weiten, verwilderten Gartens.

»Ava!« Mats kam über den Rasen auf sie zu, eine Tasse Tee in seiner Hand und einen sabbernden Solo an seinen Fersen. Avas Herz machte einen kleinen Sprung: Wie gut er aussah, einfach so, unrasiert, in einem gestreiften T-Shirt, alter Jeans und seinen Flip-Flops. Sie wuschelte sich noch einmal durch die Haare und legte ihren Schlafzimmerblick auf.

Er runzelte die Stirn.

»Geht es dir gut? Dein Haar ist ganz durcheinander. Bist du überfallen worden? Und deine Augen glänzen so. Hast du Fieber? Willst du dich hinlegen?«

Na, der Schuss war nach hinten losgegangen. Von wegen sexy Betthaare à la Kate Moss! Sie sah wahrscheinlich aus, als wäre sie rückwärts von Nairobier Gangstern durch die Hecke gezerrt worden! Ava wurde rot und riss schnell die Augen auf.

»Nein, nein, alles okay.«

Er grinste. »Gut. Toll, dass du hergefunden hast. Ich habe gerade Tee gekocht. Möchtest du eine Tasse?«

»Gern, danke. Warum ist eigentlich diese Straße so schlimm?«, fragte Ava, als sie sich auf dem Rasen den Matsch von den Schuhen kratzte. Sie beugte sich nach vorn, sodass wie zufällig ein Ansatz von Spitze in ihrem Ausschnitt sichtbar wurde – allerdings nicht für Mats, denn der wandte den Blick ab und sah zum Tor.

Mist, dachte Ava. Machte er das absichtlich? Sie erinnerte sich an den Augenblick, in dem seine Finger im Auto die ihren gestreift hatten. Oder hatte sie sich das nur eingebildet?

Da war doch etwas gewesen, oder? Ein kleiner Strom Elektrizität, der zwischen ihnen schwirrte und flirrte. Oder hatte sie sich getäuscht? Mats wirkte jedenfalls ziemlich gleichmütig, als er antwortete.

»Wir lassen Windy Ridge so wild, um ungebetene Gäste fernzuhalten.«

»So schlimm, wie die Straße ist, bleiben auch gebetene Gäste fern«, entgegnete Ava. Mats lachte. »Auch was dran. Ich mag deine freche Klappe, Ava!«

Genug der Peinlichkeiten, entschied Ava und fragte: »Woran arbeiten wir nun?«

»*Storytelling*. Unser erster Workshop überhaupt in diesem Fach. Ich bin sehr gespannt, wie es klappt.«

Mats ging ihr voran zu einem großen Tisch, der unter einem Affenbrotbaum im Garten stand. Solo schnappte nach seinen Fersen und überholte ihn dann. Tanu wartete dort schon auf sie und sprach mit einem Mann, den Ava nicht kannte. Er war blass, trug eine dicke Brille und konnte auf seinem Stuhl neben Tanu irgendwie nicht still sitzen.

»*Storytelling*? Da kann ich mich gleich mit in die Klasse setzen. So schlecht, wie ich in der Schule darin war …«, murmelte Ava, als sie Mats folgte.

Der lächelte zur Antwort nur, schenkte ihr von dem heißen Tee ein und stellte ihr dann den Mann am Tisch vor.

»Ava, das ist Owen Cable. Er hat eine sehr erfolgreiche Fantasy-Serie geschrieben und hat sich bereit erklärt, uns bei unserem nächsten Workshop zu helfen.«

Der Mann stand auf und schüttelte Ava mit einer etwas ungelenken Bewegung die Hand, dann sank er auf seinen Platz zurück und redete gleich weiter. Ava rutschte still neben Tanu auf die Bank und lauschte.

»Wichtig ist, dass die Kinder mit ihren Erfahrungen und Erinnerungen umzugehen lernen. Sie dann aufzuschreiben, bringt Erlösung – und vielleicht einen Weg aus dem Elend …« Der Schriftsteller zwinkerte nervös bei jedem Wort, während er seinen Hals wie eine Schildkröte ein- und auszog.

Ava wusste nicht, weshalb, aber sie musste plötzlich an John denken. John, dessen dunkler Blick ihr im Hostel überallhin gefolgt war. Der immer seine Hände verbarg. Weshalb? Würde er auch zu dem Schreib-Workshop in zwei Wochen kommen? Welche Erfahrungen und Erinnerungen hatte *er* zu verarbeiten? Irgendetwas trieb ihn, so viel war klar. Wo war seine Familie? Er schien immer im Flora Hostel zu sein oder zumindest immer da, wo Ava war. Und die wusste nicht, was sie davon halten sollte.

»Ava? Alles klar?«, fragte Mats sie sanft. »Du siehst so nachdenklich aus …«

Sie errötete. Seine Aufmerksamkeit schmeichelte ihr und sie straffte sich. »Nein, nein. Alles klar. Ich finde das einen total spannenden Ansatz!«

»Gut. Der nächste Workshop ist in zwei Wochen. Das scheint viel Zeit zu sein, ist es aber nicht. Wir brauchen jeden Augenblick, um alles gut vorzubereiten.«

Die Woche verging unter der Routine der Tage wie im Flug: Frühstück im Hostel, *Matatu* nach Karen, die holprige, oft matschige Windy Ridge zu Mats' Haus laufen, mit klopfendem Herzen und diesem kleinen Augenblick der Freude, wenn sie ihn über das Gras auf sich zukommen sah. Die Arbeit mit ihm, Tanu und Owen, dem Schriftsteller. Ihr gemeinsames Essen und Reden. Dann wieder heim im *Matatu*. Jedes Mal wenn sie am Hostel ankam, checkte sie gleich ihr iPhone. Aber Mats ließ außerhalb der Arbeit nichts von sich hören.

Weshalb rief er sie nicht an und fragte sie nach einem Date? Hatte sie das alles total missverstanden?

Darf ich mich denn um dich kümmern? Irgendwie hatte sie seine Frage noch immer in den Ohren. Aber bisher hatte er sie nicht wieder gefragt. Oder sonst auch nur irgendetwas in der Richtung angedeutet. Wenn Avas Augen die seinen trafen, dann war sein Blick freundlich, aber neutral. Der Augenblick der Nähe im Auto war verflogen. Was war los? Spielte er Spielchen?

Als Ava am Donnerstagnachmittag aus Karen zurückkehrte, verzog sie sich sofort in ihr Zimmer und ließ sich auf ihr schmales Bett sinken. Seufzend zog sie ihr Smartphone hervor, öffnete Google und gab *Mats Nilsson + Farbe zum Mut* als Suchbegriff ein. Die Bilder und Links, die hochkamen, hatte sie inzwischen schon Dutzende Male betrachtet. Viel zu viele Male. Was war nur mit ihr los?

Mist, habe ihn schon wieder gegoogelt, textete sie an Camille.

Die schrieb zurück: *On s'amuse comme on peut!*

Jeder amüsiert sich, wie er kann? Ava runzelte die Stirn.

Wie meinst du das?, schrieb sie zurück.

Ich meine: Hast du nichts Besseres zu tun?!

Grmpf. Das saß. Camille hatte so eine Art, den Finger genau in die Wunde zu legen. Herrgott noch einmal, sie googelte Mats, obwohl sie ihn jeden Tag sah!!

Was soll ich denn SONST tun?, textete sie wieder.

Die Antwort kam nur einen Augenblick später:

Cool bleiben, Ava. Strategie: Hab Spaß und sei ganz du selbst. Er wird schon kommen. Machen Männer immer. Xx C

Ava legte ihr iPhone in die Schublade und stopfte ihre Socken darüber. Kein schlechter Rat. Aber leider sehr viel leichter gesagt als getan!

Sie tigerte ein paar Augenblicke in ihrem kleinen Zimmer auf und ab, dann öffnete sie die Schublade wieder und holte ihr Handy heraus. Noch immer kein Text von Mats! Das gab es doch nicht.

Die Woche war fast um, und Mats hatte sie nicht gefragt, was sie am Samstag oder Sonntag vorhatte. So viel zum Thema *Kümmern*, dachte sie beleidigt und traurig zugleich.

Beim Lunch am Freitagmittag legte sie den Kopf in den Nacken und sah in den weiten blauen Himmel, in dem schon wieder Wolken trieben. Mats unterhielt sich mit Owen und Ava ließ ihre Worte einfach an sich vorbeiziehen. Da vibrierte plötzlich ihr iPhone. Ava zog es überrascht hervor.

1 Nachricht James Cecil, stand auf der Anzeige.

Ava spürte, wie ihr eine leichte Röte vom Hals in die Wangen hinaufstieg. Sie rief die Nachricht auf: *Morgen Abend Party in den Ngong Dairys. Verkleidung als dein Alter Ego. Hole dich am* Flora Hostel *ab. 22h? xx J*

»Was meinst du, Ava?«, fragte Mats sie da gerade.

»Hm?« Sie sah auf. »Sorry, was hast du gesagt?«

Sie legte ihr Handy auf den Tisch, aber schielte noch immer auf den Bildschirm, auf dem die Nachricht wie eingefroren stand. Auch Mats machte plötzlich einen langen Hals. Aha, dachte Ava.

Ihr Blut jagte schneller durch die Adern. James hatte zwar

nicht ganz direkt gefragt, ob sie mit ihm ausgehen wollte, aber es klang aufregend genug. Nun hatte sie am Wochenende wenigstens einen Plan. Und was für einen! »*Verkleidung als dein Alter Ego!*« Um Himmels willen. Wer war denn ihr *Alter Ego*? Ihr anderes Ich …

»Was ist denn los?«, fragte Mats sie da. Seine Stimme klang misstrauisch. »Woran denkst du?« Er musterte erst sie und blickte dann wieder auf die Anzeige des iPhones.

Ava verdeckte sie rasch. Wie interessiert Mats plötzlich war!

»Hm«, sagte sie nachdenklich. Sie verschränkte die Arme im Nacken und blinzelte nach oben. Die Blätter an dem riesigen Affenbrotbaum winkten ihr zu und raschelten. Die Zweige bogen sich, und sie sah in das kleine schwarz-weiße Gesicht eines der Affen, die gerne Mats' Gemüsegarten plünderten. Ihre Laune besserte sich schlagartig.

Sie lächelte Mats süß an. »Ich denke gerade darüber nach, weshalb du in diesem riesigen Baum nie ein Baumhaus gebaut hast. Der wäre doch ideal dazu.«

Mats musste plötzlich lachen und Owen sagte: »Das ist die richtige Art zu denken. Ich weiß, Sie werden es im Leben weit bringen, junge Dame.«

»Und ich weiß, was ich an diesem Wochenende zu tun habe!«, sagte Mats und zwinkerte Ava zu. »Avas Wunsch ist mir Befehl. Das größte Baumhaus von Nairobi.« Er sah sie einen Augenblick länger an als notwendig und Ava stieg erneut das Blut in die Wangen. Meinte er das etwa ernst? Ihr Wunsch war ihm Befehl?

Fast gegen ihren Willen breitete sich ein Lächeln auf Avas Gesicht aus: Mats hatte eine seltsame Macht über sie. Wenn er in ihrer Nähe war, wollte sie immerzu lächeln. Immer glücklich sein.

»Apropos dieses Wochenende, Ava«, mischte Tanu sich da ein und brach den Zauber, der sich zwischen ihr und Mats entsponnen hatte. »Wollen wir morgen noch shoppen gehen?«

Shoppen! Ha! Das war die Rettung! Sie würde irgendwo auf diesem Flohmarkt ihr *Alter Ego* finden! Ava nickte: »Gern. Soll ich dich abholen? Wo wohnst du denn in Kibera?«

Tanu schüttelte rasch den Kopf. »Nein, nein. Ich meine: Ja, ich wohne in Kibera. In Lindy. Aber komm mich bitte nicht abholen! Lass uns doch direkt am Flohmarkt treffen. An der Bushaltestelle. Sonst verpassen wir uns. Gikomba ist riesig, und man muss wissen, wo die besten Buden sind. Brauchst du irgendetwas Bestimmtes?«

Ava zögerte. Weshalb wollte Tanu nicht, dass sie sie abholte? Sie kam doch auch zu ihr ins Hostel? Dennoch beschloss sie, das zu übergehen: »Ein zum Umfallen glamouröses Abendkleid. Das suche ich. Eines, bei dem jedem Mann der Mund offen stehen bleibt.«

»Jedermann?«, fragte Tanu neckend.

»Nein, nein. Jedem Mann«, erwiderte Ava und sah Mats herausfordernd an und fragte dann so lässig wie möglich: »Wo sind eigentlich die Ngong Dairys?«

Mats runzelte die Stirn. »Das ist ein wunderschönes Anwesen, in dem die Innenaufnahmen für »Jenseits von Afrika« gemacht wurden. Es gehört den Kenyattas, der Familie des ersten Präsidenten, und die vermieten es meistens an irgendwelche reichen Schnösel.« Er verdrehte die Augen. »Momentan haben sich dort, glaube ich, zwei Maler eingemietet. Weshalb?«.

»Weil ich dort morgen Abend eingeladen bin«, sagte Ava triumphierend.

Mats erwiderte nichts.

Owen Cable dagegen grinste.

Alter Ego

Ava stieg in Gikomba aus dem Bus, gerade als der Nieselregen nachließ. Sie war froh, dem Fahrzeug zu entkommen, auch wenn sie sich langsam an das allgegenwärtige Gedränge und den Gestank im öffentlichen Transport von Nairobi gewöhnt hatte. Gikomba selbst schlug augenblicklich wie eine Welle über ihr zusammen: Die Masse an Leuten, Buden und Waren war betäubend, und Ava lehnte sich einen Augenblick lang gegen eine Hauswand, um all die Eindrücke in sich aufzunehmen. Ihre Sinne waren aufgedreht, aufgekratzt, wie fast immer, seit sie den Boden von Nairobi betreten hatte. Es fühlte sich so an, als hätte sie Champagner in den Adern. Hier fand das echte Leben statt, Vollgas, immer. Es war fantastisch, aber auch erschöpfend! Sie war mitten in Afrika, und doch rechnete sie fest damit, dass James Bond gleich um die Ecke schlenderte und sie auf einen Drink einlud. Oder James Cecil ... oder Mats.

»Ava! Sorry, komme ich zu spät?« Tanu tauchte außer Atem auf. Sie musterte Ava streng, ehe sie sagte: »Gut. Du siehst richtig aus.«

»Ich habe angezogen, was du mir gesagt hast!«, erwiderte

Ava. Sie trug ein langärmeliges T-Shirt und Jeans, deren Taschen sie sich mit welken Schillingen vollgestopft hatte. Ihr Handy hatte sie sich in den Bund ihrer Jeans gesteckt, obwohl Tanu sie gewarnt hatte, dass sie sich mit offensichtlich zur Schau getragenen Wertsachen auch gleich den Satz *Bitte raub mich aus* auf die Stirn tätowieren konnte. Egal, ohne iPhone konnte sie nicht. Sie musste es ja nicht zücken! Oder wenn, dann nur ganz diskret.

Tanu hakte sich bei ihr ein.

»Lass uns gehen. Dein glamouröses Abendkleid suchen. Für wen willst du dich eigentlich so aufbrezeln? Gestern bei Mats wolltest du es ja nicht sagen.« Tanu stupste Ava leicht in die Seite und grinste.

»War das so offensichtlich?«

»Nein. Üüüberhaupt nicht!«, lachte Tanu. »Aber dein Ziel hast du ja erreicht: Mats wollte unbedingt wissen, von wem die Nachricht kam.«

»Sicher?«, fragte Ava.

Tanu musste lachen. »Na klar! Also, nun sag schon – wofür, oder besser, für wen soll das tolle Kleid sein?«

»Für heute Abend. James Cecil hat mich auf ein Kostümfest eingeladen.«

Tanu machte Augen groß wie Untertassen. »James Cecil? Pass auf dich auf. Über ihn kursieren jede Menge Gerüchte und er steht oft in der Zeitung ...«

Ava blieb stehen und stemmte die Hände in die Taille. »Was soll das?! Was habt ihr alle gegen ihn? Mats hat auch schon versucht, ihn mir madigzumachen. Eigentlich hat er sich am vergangenen Samstag doch ganz ordentlich verhalten, als er sich für Troys Verhalten bei dir entschuldigt hat! Ich bilde mir gern mein eigenes Urteil, Tanu.«

Die sah schuldbewusst aus und hakte sich wieder bei Ava ein. »Finde ich gut. Du musst nur wissen, in Kenia kennt fast jeder James Cecil. Aber in Wahrheit bin ich sehr neugierig, was du von dem Abend mit ihm erzählst. Ich will nachher jedes Detail hören!«

»Abgemacht.« Ava ließ sich von Tanu mitziehen.

Sie gingen los, in der Nase den Duft von frisch gemahlenem und gebrühtem Kaffee – dem *Kahawa*, der überall angeboten wurde – wie auch den Geruch nach Maiskolben, die entlang der Gassen auf tragbaren Kohleöfen gebraten wurden.

»Hm«, seufzte Tanu und sog den Duft genüsslich ein. »Wie gut das riecht.«

»Hast du wieder nichts gegessen?«, fragte Ava überrascht.

Tanu sah weg und sagte rasch: »Doch, doch natürlich.« Es war eindeutig, dass sie log, doch Ava ließ sie weitersprechen. »Ich mag es nur so, wenn der Mais auf den *Chicos* schmort. Das erinnert mich daran, wie ich noch als kleines Mädchen in meinem Dorf an der Küste gelebt habe. Da hatten wir alle so kleine Schmoröfen.«

»Du kommst von der Küste?« Ava war überrascht. Für sie war Tanu ein echtes *Nairobi Girl*.

»Ja. Eigentlich schon. Aber ich lebe in Kibera seit … seitdem ich studiere.«

»Und deine Geschwister sind auch hier?«, fragte Ava vorsichtig.

»Ja. Meine Geschwister sind auch hier«, erwiderte Tanu knapp.

Einen Augenblick lang herrschte ein Schweigen zwischen ihnen, das Ava nicht gefiel. Darum sagte sie leichthin: »Dann will ich wissen, wie deine Kindheitserinnerungen schmecken. Komm, ich lade uns auf Mais und was zu trinken ein. Zum Shoppen braucht man Kraft. Das ist ja wohl klar.«

»Nein, das muss nicht sein«, wehrte Tanu ab.

»Und wie das sein muss, Tanu«, entschied Ava und steuerte eine der zahllosen Buden samt Kohleofen an.

Sie ließen sich neben der *Duka* nieder, an der eine uralt aussehende, zahnlose Frau den Tee auf kenianische Art zubereitete: Die Teeblätter wurden in siedende Milch geworfen und dann gefühlt zehn Kilo Zucker nachgekippt. Ava machte es sich auf dem wackeligen Klappstuhl bequem, streckte die Beine aus und sah sich um. Das Chaos gefiel ihr: Neben ihnen verkaufte eine Bude riesige fleischfarbene Büstenhalter und schwarze Spitzenschlüpfer – das Geschäft lief wie geschmiert, denn die Frauen drängten sich nur so um den Stand – und auf der anderen Seite gab es Herrenschuhe. Ava sah auf den riesigen Haufen von Converse, Adidas und Gucci-Loafern, die wie neu aussahen und die alle nur ein paar Schillinge kosteten.

Vor sie beide wurde nun der heiße, gebutterte und gesalzene Maiskolben gestellt. Tanu nagte gierig daran, und Ava trank einen Schluck von ihrem Tee, wobei sie die Teeblätter bereits gekonnt durch die Zähne siebte. Tanu so essen zu sehen, machte ihr auf eine irre Weise Freude. Sie schwieg und wartete, denn sie wollte mit keinem Wort das stumme Wohlbefinden stören, das sich zwischen ihnen ausbreitete.

»Und, wie schmeckt deine Kindheit?«, fragte sie, als ihre Tasse Tee leer war und der Maiskolben abgeknabbert auf Tanus Teller lag.

»Köstlich«, sagte Tanu und seufzte zufrieden. »Du ahnst ja nicht, wiiiieeee gut. Sorry, ich habe schon alles aufgegessen!« Sie sah auf Avas Maiskolben, von dem diese nur gekostet hatte.

»Willst du meinen noch haben?«

»Nein, danke.«

»Doch, bitte«, sagte Ava und legte ihn Tanu ohne viel Federlesen auf den Teller. »Wenn es dich nicht stört, dass ich ihn schon angeknabbert habe ...«

Tanu grinste und biss ein großes Stück aus dem Kolben. »Was mich nicht umhaut, macht mich stark!« Sie kaute genüsslich, schluckte und sagte dann: »Aber eines Tages musst du mit mir in mein Dorf kommen. Meine Großmutter lebt dort noch. Dann brate ich dir einen Maiskolben.«

Was ist denn mit deinen Eltern, wollte Ava fragen, aber sagte dann schlicht: »Gern.« Irgendwie begriff sie eines: Es gab hier sehr viele Dinge, bei denen man besser nicht sofort nachfragte. Einfach, weil es nicht sofort eine Antwort auf sie gab. Oder eine, die nicht so einfach zu verstehen war.

Tanu hatte schließlich fertig gegessen und sie standen auf.

Ihre Freundin grinste. »Jetzt lass uns dich schön machen. Für deine Party heute Abend. Und ich will am Montag alles ganz genau wissen, ja?«

Ava shoppte, als käme es morgen aus der Mode. Sie war in Hochstimmung: Das hier schlug eBay um Längen und kostete nur ein paar Schillinge! Als sich die Sonne senkte und sie den Bus zurück zum Hostel bestieg, war sie pleite und hatte Tüten voller Stiefel, Pumps, T-Shirts, Röcke und Jeans. Und, ach ja, ein umwerfendes Abendkleid. Sie stopfte alles in den leeren Rucksack, den sie nach Gikomba mitgenommen hatte.

»Komm«, sagte sie zu Tanu. »Steck deine Einkäufe mit in meinen Rucksack. So müssen wir nur einmal schleppen.«

NACHTFALTER

Erst als sie im Flora Hostel ankam, merkte sie, dass sie vergessen hatte, Tanu ihre Sachen zurückzugeben. Ava zögerte: Sollte sie ihr die Klamotten am Montag mit zur Arbeit bringen? Aber vielleicht brauchte sie davon schon irgendetwas am Sonntag! Hatte Tanu einen Freund? Gefragt hatte Ava sie nicht. Tanu sagte und enthüllte das, was sie sagen und enthüllen wollte, nicht mehr. Und zwar zu dem Zeitpunkt, der *ihr* passte. Das respektierte Ava. Aber gleichzeitig konnte sie dem Gedanken nicht widerstehen, mehr über die Freundin zu erfahren. Sei es drum – um jetzt nach Kibera zu fahren, war es schon zu spät und zu gefährlich. Aber morgen konnte sie das erledigen.

Ava setzte sich in ihrem Zimmer auf das harte Bett und schüttete den Rucksack aus. Dann kämmte sie mit den Fingern durch ihre Errungenschaften und fischte das lange, schwere Abendkleid heraus. Es war schulterfrei und der Rock öffnete sich durch Einsätze in Kniehöhe wie ein Fischschwanz. Einfach fabelhaft! Schade, dass Mats sie darin nicht sehen konnte ... *Nein*, den Gedanken verbot sie sich augenblicklich. Wer nicht fragt, der hat schon, dachte sie trotzig.

Lanvin, las sie auf dem zerfetzten und ziemlich schmutzigen

Etikett des Abendkleides, als sie aufstand und es sich an den Körper hielt. Mit etwas Glück passte es ganz genau. Entweder musste sie eine Naht weiter machen, ansonsten, sollte es zu weit sein, half eben eine Sicherheitsnadel nach. Das sah hier bestimmt keiner so eng.

Ava wirbelte einmal durch den Raum und das Kleid wirbelte mit. *Wow.* Echtes Pariser Design! Wenn sie es nachher beim Duschen in den Dampf hängte, dann sollte es ganz passabel aussehen. Außerdem herrschte bestimmt heute Abend weiches Licht. Sie kicherte vergnügt.

»Du machst *was* heute Abend?« Mogens' Stimme klang erregt durchs Telefon. So erregt, dass Ava das Handy auf Armeslänge von sich hielt. Es vibrierte beinahe unter Mogens' Empörung. Seine Stimme kippte, und sie drehte die Augen zur Zimmerdecke, wo sich altersschwach der Ventilator drehte. Ava zählte stumm bis fünf. Sie hätte den Anruf nicht annehmen sollen, das war ihr nun klar. Aber wie sie Mogens kannte, wäre er fähig dazu gewesen, hier einfach aufzutauchen, wenn sie nicht ab und an mit ihm sprach. *Nur um zu sehen, wie es ihr so ging, haha.* Wie konnte sie zulassen, dass er so stark für sie empfand? Er und alles, was mit ihm zu tun hatte, kam ihr mit einem Mal so weit weg vor!

Entschlossen drückte sie das Handy wieder an ihr Ohr. »Mogens. Ich bin zum Abendessen eingeladen. Es ist ein Kostümfest.«

»Das kommt gar nicht infrage!«

»Wie bitte, Mogens?«, fragte sie kühl. »Ich habe mich wohl verhört.«

Mogens merkte anscheinend, dass er zu weit gegangen war. »Ich meine ... sorry«, stotterte er. »Du kennst die Leute doch gar nicht. Eine Disco-Bekanntschaft, mehr nicht. Was weißt du schon von ihm? Was, wenn er auf der Liste der *International Most Wanted* steht?«

Ava rollte erneut die Augen. Wann um Himmels willen war Mogens zu so einem Großvater geworden?! »Dann schau doch mal nach und lass mich das wissen. Vielleicht kann ich mir etwas Kopfgeld verdienen. Aber sorry, ich teile nicht«, sagte sie schnippisch.

»Ava!«

»Ja? Was? Weißt du eigentlich, wie albern du klingst?«

»Und weißt du eigentlich, wie kaltherzig du klingst? Wir ...«

»Was – wir?«, fauchte Ava. Sie konnte nicht anders. Irgendetwas an Mogens' Hingabe und seiner Beharrlichkeit irritierte sie maßlos.

Einen Atemzug lang herrschte Schweigen zwischen ihnen. Alles, was sie je verbunden hatte, war hier, im Zimmer des Flora Hostels und irgendwo zwischen dem Gedränge von Kibera, zwischen den *Matatus* und der mit Schlaglöchern übersäten Matsch-Straße Windy Ridge, die zu Mats' Haus in Karen führte, der Morgenluft von Nairobi und den Wolkenfestspielen des absurd farbigen, dramatischen Sonnenuntergangs heimlich, still und leise verschwunden. Und Ava hatte plötzlich das Gefühl, dass sie es gar nicht wiederfinden wollte … Durfte sie das? Nein. Es war Teil ihres Lebens gewesen. Unauslöschbar.

Ava seufzte: »Ich muss mich jetzt umziehen, Mogens. Ich texte dir morgen früh, okay?«

Sie hörte ihn tief durchatmen. »Okay. Ich denke an dich, ja?«

»Hm. Gute Nacht, Mogens.«

Ehe er etwas erwidern konnte, hatte sie das Gespräch beendet. Ava wickelte sich langsam und nachdenklich die Streifen Klopapier aus dem Haar, die als Lockenwickler hatten herhalten müssen. Mit etwas Glück und Gel ergab das umwerfend glamouröse Wellen und Locken – à la Ava Gardner. Ihrem *Alter Ego*.

Sie musterte sich stumm im Spiegel. Die Wellen hingen eher matt und schief. Vielleicht halfen ein Paar verborgene Klemmen. Es half nichts. Ava toupierte alles durch und wuschelte einmal nach. Wer sagte, dass Ava Gardner nie Schlafzimmer-Haare gehabt hatte? Sie biss sich auf die Lippen. Hoffentlich dachte James nicht auch, dass sie den Räubern von Nairobi in die Hände gefallen war, so wie Mats vor einigen Tagen! Männer hatten von Styling eben einfach keine Ahnung.

Sie sank, nur mit einem Handtuch um ihre Brust gewickelt, auf ihr Bett und knabberte an einem Fingernagel. Das Gespräch mit Mogens ließ sie nicht los. Ava seufzte. Ihre Schulzeit war zu Ende, und in den Wochen seither war sie eine andere junge Frau geworden, als sie es bisher gewesen war. Mit Mogens verband sie die Vergangenheit. Ein so starkes Band: der gemeinsame Schulweg in der Grundschule. Dann hatte er irgendwann nach einer Faschingsparty ihre Hand gehalten. Und noch mal später hatte sie ihn im Schein der Gartenlaterne am Haus ihrer Mutter geküsst. Weiter waren sie nie gekommen. Weil Ava es nicht gewollt hatte. Weiter würden sie auch nie mehr kommen, wusste sie plötzlich. Verflixt, was sollte sie jetzt machen? *Nie wegwerfen, nur wegstellen*, mahnte ihre Mutter immer.

Also gut: Ava griff entschlossen zum Handy und textete an Mogens:

Lieber Mogens, ich denke, eine Atempause tut uns beiden gut. Bitte lass mir meine Freiheit. Ich melde mich, wenn ich kann – und will. Danke für alles, Ava.

Bei jedem Buchstaben wurde ihr das Herz schwerer, doch schon, als sie *Senden* drückte, wusste sie: Sie tat das einzig Richtige.

Ava hob das schulterfreie schwarze Abendkleid von ihrem Bett und ließ den Fischschwanz des langen Rockes noch einmal in einer Drehung über den Boden schweifen. Ihr Handy klingelte schrill. *Mogens ruft an*, verkündete die Anzeige.

Ava schob es unter ihr Kopfkissen, wo das Klingeln erst dumpf wurde und dann verstummte.

Be your Alter Ego. Irgendetwas hier bewirkte, dass sich mit einem Mal ihre echte Persönlichkeit definierte und aufblühte. Sie lebte. Das Leben konnte beginnen. Nein, hier in Nairobi hieß das nicht einfach nur Leben. Es hieß: L-E-B-E-N. Volle Kraft, voll ins Schwarze treffen, immerzu. Ava zog ihr Handy unter dem Kissen hervor. Es schwieg nun verletzt. Besser so. Hier, im Spannungsfeld von Nairobi, war für Mr. Gerade-ganz-okay einfach kein Platz. Verzeih, Mogens, dachte sie, kurz und ehrlich.

Als sie vor die Tür des Hauses trat, in dem ihr Zimmer lag, raschelte es in den Büschen. Ava achtete nicht darauf, bis sie im Dunkeln hinter sich plötzlich leise, schleifende Schritte hörte. Sie fuhr herum und zuckte zusammen: Ganz nahe bei ihr stand John, der ihr mit seinem leichten Humpeln gefolgt war. Er sah sie mit weiten Augen an, deren Ausdruck jedoch unlesbar war. Seine Hände hielt er hinter dem Rücken gefaltet, als müsse er sie davon abhalten, nach Ava zu greifen.

Sie hielt vor Schreck kurz den Atem an und nahm instinktiv den langen Rock hoch. Dann zögerte sie: Weshalb? Wollte sie davonlaufen? Vor einem Kind? Denn das war er doch noch, mit seinen zwölf, dreizehn Jahren. Aber irgendetwas an ihm alarmierte sie.

Ava atmete tief ein und aus. »Weshalb folgst du mir?«, fragte sie leise.

»Wenn ich es nicht gewollt hätte, hättest du nie gehört, dass ich dir folge«, antwortete er nur.

In diesem Augenblick sah Ava die Lichter von Scheinwerfern über den Stacheldraht auf den Mauern des Flora Hostels streifen und gleich darauf hielt ein Auto vor dem hohen Gatter. James! Ihr Herz tat vor Erleichterung einen kleinen Sprung. War das nicht albern?

John scharrte mit den Füßen und sie richtete ihre Aufmerksamkeit wieder auf ihn.

»Warum wolltest du denn, dass ich dich höre?«, fragte sie mühsam beherrscht. Sie wollte ihn aus irgendeinem Grund nicht einfach so stehen lassen. Vielleicht war es bloß Vorsicht, die sie so denken ließ. Aber nein, an John war etwas, das sie nicht fassen konnte. Etwas Verletzbares, Verzweifeltes. Um sie herum flatterten Nachtfalter gegen die Laternen des Flora Hostels und versengten sich mit hässlichem Zischen die Flügel.

John trat von einem Bein aufs andere und zuckte missmutig die Schultern. Sein Blick, dunkel und suchend, ließ sie dabei nicht los. Avas Magen krampfte sich zusammen. Sie dachte an die blutende Blume, die er vor einer Woche im Workshop gemalt hatte. Diese Dornen, diese langen Zähne, ein dunkler Schlund, der alles schluckte.

»Ich gehe jetzt, John. Bitte folge mir nicht mehr. Bitte.« Ihre Stimme klang heiser. Sie tat versuchsweise ein, zwei Schritte von ihm weg. Und John rührte sich nicht vom Fleck, was Ava beinahe erstaunte. Sollte es so einfach sein?

»Warte«, rief er da.

Sie drehte sich noch einmal nach ihm um. Er kauerte nun auf dem Pflaster des Flora Hostels, bereit, mit der Dunkelheit um ihn herum zu verschmelzen.

»Weshalb?«, fragte Ava nur mühsam beherrscht. Sie bekam Gänsehaut an den Armen. War das wegen John oder wegen der Abendkühle?

John sprang mit einem Mal nach vorn, trotz seiner Größe vollkommen lautlos und so geschickt, als hätte er Spiralen an den Füßen. Ava zuckte zusammen, wich einige Schritte zurück und legte sich eine Hand vor den Mund, um einen Schrei zu unterdrücken. John bewegte sich plötzlich wie ein Tier im Dschungel, leise und gefährlich. Er stand nun wieder ganz nah vor ihr, aber berührte sie nicht: Nein, die Hände hatte er noch immer hinter dem Rücken gefaltet. Sein Blick bohrte sich in den ihren, als er leise sagte: »Ich habe durch das Fenster gesehen, wie du das Kleid angezogen hast und dir die Haare gemacht hast.«

»Und?«, fragte sie, um Fassung bemüht. In Johns Stimme lag eine Dringlichkeit, die sie nicht verstand. Etwas rief dort nach ihr.

James drückte auf die Hupe und der *Askari* sah schon fragend zu ihr hin. Ava drehte sich kurz um und machte James ein Zeichen. *Ich komme gleich!* Heute hatte sie schon Mogens verletzt und stehen gelassen, das genügte für einen Tag.

»Es sah so ... so ... so *schön* aus. *Asante*. Danke«, flüsterte John.

James ließ das Fenster herunter und lehnte den Ellenbogen auf den Türrahmen. Sein Oberkörper war nackt. Wer war sein *Alter Ego? Tarzan etwa?*

»Hallo, Ava. Kommst du?«, rief er.

»Ja, sofort ...«

Als sie sich jedoch wieder zu John umwandte, war dieser verschwunden.

Irgendwie, dachte sie plötzlich erschöpft und gleichzeitig angestachelt, war hier immer alles himmelhoch jauchzend oder zu Tode betrübt.

Brot und Spiele

Die tanzenden Lichter im Garten des Anwesens Ngong Dairys machten den Millionen von Sternen im Nachthimmel von Nairobi Konkurrenz. »Was sind das für Bäume?«, fragte Ava, als James anhielt. Er stieg aus, ging um den Wagen herum und öffnete ihr gentlemanmäßig die Tür. Unter ihren Absätzen raschelte es trocken, als sie auf dem Boden aufkam, und die Luft roch bei ihren Schritten auf dem Laub irgendwie nach Hustenbonbons.
»Eukalyptus. Jeder von ihnen ist an die hundert Jahre alt. Ich habe sonst nirgends im Land so hohe Bäume ihrer Art gesehen.«

Ava legte den Kopf in den Nacken. Sie waren durch eine Allee von Eukalyptusbäumen gefahren, so hoch, dass die Wipfel und Kronen sich beinahe berührten. Der Duft war betörend und betäubend zugleich. Ein leichter Wind kam auf und die Lampions in den Zweigen der riesenhaften Bäume schwankten leicht in der Brise. Es sah wunderschön aus: als ob Elfen in den Ästen wippten. Wenn ich jetzt die Augen schließe, dachte Ava, dann höre ich sie bestimmt flüstern und kichern. Aus der Richtung, in der das Haus liegen musste, drangen nun Stimmen, Lachen und Musik zu ihnen. Das war die wunderschöne Wirklichkeit, entschied Ava.

»Was wird gefeiert?«, fragte sie neugierig.

»Troys Hochzeit mit Luisa. Du erinnerst dich doch an Troy?« James sah sie amüsiert an.

»Allerdings«, sagte Ava düster. »Und er sich wohl auch an mich. Bist du sicher, dass ich hier erwünscht bin?«

»Aber natürlich. An solchen Kleinigkeiten hängt sich hier niemand auf. Die Feier ist sehr viel kleiner als gedacht, denn Luisas Eltern sind vor vier Wochen bei einem Autounfall ums Leben gekommen.«

Ava stockte der Atem. »Wie schrecklich! Und trotzdem feiern sie?«

James nickte grimmig. »Ja, leider ist der Tod hier in Kenia unser ständiger Begleiter. Ich kenne niemanden, der nicht einen geliebten Menschen durch Gewalt oder eben den Straßenverkehr verloren hätte. Das ist fast schon normal – von den Lkw- und Busfahrern hat kaum einer seinen Führerschein, und sie stehen unter Drogen oder Alkohol, um ihr Arbeitspensum zu bewältigen. Oder sie sind einfach todmüde, weil sie Tag- und Nachtschichten arbeiten.«

Er fasste ganz selbstverständlich ihre Hand und der Druck seiner Finger war fest und warm. Es war Ava nicht unangenehm, aber irgendwie auch nicht ganz recht. Ging das nicht ein wenig schnell? Und es floss auch kein Strom von seinen Fingern in die ihren, dachte sie beinahe ein wenig wehmütig. Was Mats jetzt wohl tat? Vor dem Fernseher Chips essen, hoffte sie. Camille hatte recht: Das Beste, was sie tun konnte, war Spaß haben – auch wenn sie sich die Sache eventuell noch mal überlegt hätte, wenn sie gewusst hätte, *wer* hier feierte!

James zog leicht an ihrer Hand. »Aber nun lass uns hineingehen. Es ist gut, dass wir jetzt kommen, ehe alle zu besoffen sind. Vor allen Dingen die Braut!«

Ava folgte James über den weiten dunklen Rasen. Als das Haus in Sicht kam, blieb sie stehen und machte »Oh!«.

James drehte sich um und lächelte. »Allerdings. Wunderschön, nicht wahr? Mein Traumhaus auf dem Land, hier mitten in der Stadt.«

Die Ngong Dairys erinnerte Ava mit den geschwungenen Dächern, den Balkonen, Terrassen und Säulen an das Anwesen aus »Vom Winde verweht«. Ein Traum aus einer anderen Zeit, das war dieses Haus – und was für ein absurder Gegensatz zu dem Nairobi, das Ava bisher kennengelernt hatte, vor allem zu Kibera und den Hütten dort! Ava wusste nicht, was sie davon halten sollte. Andererseits lockte sie an James ja genau dieser Glanz und Glamour, wenn sie ganz ehrlich war. Sonst nichts? Doch, schon. Sie mochte sein Lächeln und seinen Humor. *Wir haben auch immer Probleme mit unseren Bergvölkern,* hatte er gesagt: Das war doch zum Schreien!

»Komm.« James ging ihr weiter voran und Ava folgte ihm.

Auf der Mitte des Rasens loderte ein riesiges Feuer, über dem ein ganzer Stier am Spieß steckte: Männer drehten ihn über den glühenden Kohlen und den Flammen, Fett tropfte in die Glut, und es zischte gefährlich. Angestellte säbelten unablässig Fleisch ab, luden es auf Servierplatten und stemmten sie sich auf die Schultern. Im Gras rund um das Haus steckten Fackeln neben riesigen Kissen, auf denen Leute saßen und lagen. Ava machte in der Dunkelheit den Umriss von Tagesbetten aus, auf denen Gäste es sich ebenfalls bequem machten.

Einige vielleicht zu bequem – ob der eindeutigen Geräusche und Bewegungen wandte Ava, plötzlich scheu geworden, den Blick ab. Was für eine Art Feier war denn das? Eine Orgie? Vielleicht war sie etwas *zu* selbstbewusst gewesen? Was, wenn James Ähnliches von ihr erwartete? Nie im Leben! Oder war sie nur eine kleine Augsburger Spießerin, die in Nairobi auf die Probe gestellt wurde? Nein! Sie war dennoch froh, als James sie die Stufen zur weiten Veranda hochführte.

Im Licht der Laternen drehte er sie einmal um sich selbst, wie im Tanz. Der Gesang der Zikaden füllte ihre Ohren und Ava musste plötzlich lachen. Es würde zumindest sehr farbig werden – was hatte Mats gesagt? Die Ngong Dairys waren als Kulisse von »Jenseits von Afrika« verwendet worden und waren heute Heim für bekannte Künstler? Wie aufregend. Für die hatte sie eine Schwäche.

»Toll siehst du übrigens aus«, sagte James in diesem Moment. »Darf ich raten, wer du bist? Ava Gardner?«

»Ja«, lachte sie. Plötzlich war ihr das Herz leicht. Ein wildes Fest. Weshalb nicht? Brav konnte sie irgendwann später mal sein!

James selbst war wirklich mit nichts als einem lässig um seine Lenden geschlungenen Tuch bekleidet. Das musste man sich erst einmal trauen – aber James konnte es sich erlauben. Sein Körper war fest und harmonisch, und Ava bemerkte an einem Bein eine lange weiße Narbe, die sich wie eine Schlange von der Hüfte über das Knie bis zu seiner Wade zog.

»Und du? Bist du Tarzan?«

»Nein. Jesus Christus.«

»Bescheiden auch noch«, lachte Ava. »Woher stammt die Narbe an deinem Bein?«

»Ich bin nach dem Paragliding auf meiner Farm auf einem Büffel gelandet. Das hat ihm nicht gefallen.« Er zuckte mit den Schultern. »Aber was will man machen: Gott, mein Vater, hat eben alle Kreaturen erschaffen!«

Ava lachte noch einmal und folgte ihm ins Haus.

Sie erkannte den großen Kamin und die Sessel aus »Jenseits von Afrika« wieder, doch sie ließen das kleine offene Wohnzimmer gleich hinter sich und gingen in den großen Speisesaal, aus dem Musik und Stimmen dröhnten. Das Festessen war in vollem Gange: Braut und Bräutigam saßen am Kopf einer langen, u-förmigen Tafel. Über ihren Köpfen hingen neben den Kronleuchtern des Speisesaals Hunderte von bunten, riesigen Papierschirmen, die asiatisch wirkten. An den Wänden bemerkte Ava großflächige abstrakte Gemälde, die mit dem klassischen Interieur von breiten geblümten Sofas und schweren Antiquitäten auf irre Weise harmonierten. Die Gäste trugen die buntesten und fabelhaftesten Kostüme, die Ava je gesehen hatte: von wilden Tieren über Film-Charaktere oder Personen aus der Geschichte. Der Mann mit dem weichen

Samthut, von dem eine Karte Amerikas baumelte, musste Kolumbus sein!

»Soll ich dir erst das Haus zeigen?«, flüsterte James in ihr Ohr. Sein warmer Atem kitzelte an ihrem Hals und Ava machte unwillkürlich eine kleine Bewegung von ihm weg.

Komisch, bei Mats wäre ihr das nicht passiert. Wie *sein* Atem sich wohl auf ihrer Haut anfühlte?, dachte sie plötzlich, wie gegen ihren Willen. Dann aber schob sie den Gedanken weg und lächelte James an. »Gern.«

»Komm. Damit in der Hand spaziert es sich leichter«, sagte James und reichte ihr ein Glas Champagner. Ava nippte daran und die Perlen stiegen ihr aufreizend in die Nase.

»Hmm. KRUG. Troy hat an nichts gespart«, sagte James, ergriff ihre Hand und zog sie die Treppen hoch in den ersten Stock. »Das Erdgeschoss siehst du eh später.«

Ava folgte ihm zögerlich in einen langen dunklen Gang. Seine Größe, seine Nacktheit wie auch die Tatsache, dass sie hier oben ganz allein waren, waren ihr plötzlich nicht ganz geheuer. James aber machte augenblicklich Licht und sie war ihm dankbar dafür. Er war doch ein Gentleman, ganz egal, was die anderen sagten!

»Komm. Das ist die Bibliothek. Ich liebe den Raum! In seinen Regalen findet sich die beste Lyrik-Sammlung des Landes.« Licht flammte wieder auf und Ava sah bequeme Sofas, Ahnenporträts, einen Kamin und Bücher über Bücher. Das Zimmer hätte sich auch in Schottland befinden können!

»Aha«, sagte sie etwas hilflos. Aus Gedichten hatte sie sich noch nie viel gemacht. Verbrachte James etwa damit seine Freizeit, wenn er nach dem Paragliding nicht gerade auf wilden Büffeln ritt? Ava musste ein irres Lachen unterdrücken. Was für eine schräge Welt!

»Ich liebe Poesie«, fuhr James auch schon fort. »Rimbaud oder Rilke. Einfach ein Wunder, was man mit Worten bewirken kann«, sagte er und zog sie schon weiter, opulenten Raum um opulenten Raum, bis er an einem Gang stehen blieb und grinste: »Hier sind die Schlafzimmer. Jedes hat ein anderes Thema, je nachdem, wonach dir der Sinn steht.«

Er musterte sie mit einem raschen, herausfordernden Blick. Ava spürte, wie sich brennende Röte über ihren Nacken und ihren Hals ausbreitete. Sicher, sie hatte Mogens geküsst, was keinem Erdbeben gleichgekommen war. Die Supernova an Schmetterlingen hatte nur einmal in ihrem Bauch gewirbelt und dann nie wieder.

Wollte James etwa hier, jetzt, einfach so …?! Nein, sie musste sich getäuscht haben!

Dennoch tat sie einen kleinen Schritt von ihm weg. »Ich weiß nicht, James.«

Aber er lächelte nur und drückte sanft ihre Finger. »Mach dir keine Sorgen. Es passiert nichts, was du nicht willst. Ich bin schließlich ein Gentleman – und das ist unser erstes Date.«

Er beugte sich vor und küsste Ava rasch auf die Wange. »Hm, wie du duftest! Bei dir könnte ich meine Manieren allerdings leicht vergessen«, flüsterte er.

Sein Atem war warm und Ava roch süß den Champagner

darin. Ihr Herz schlug plötzlich schneller, aber sie konnte nicht genau sagen weshalb. Aufregung? Unbehagen?

Seine Lippen waren schmal, doch fest und der kleine Kuss auf die Wange hatte ihr gefallen. Was, wenn er sie auf den Mund küsste? Ihr wurde heiß und unwillkürlich entzog sie ihm ihre Hand. Wie lange lag ihr letzter Kuss zurück? Ewigkeiten. Und: Wollte sie ihn denn küssen? Hier, so, jetzt und überhaupt? Einfach so? Sie war mitten in diesem Haus, allein mit einem halb nackten Mann. Einem *attraktiven*, halb nackten Mann, dessen Alter Ego Jesus Christus war, dachte sie, und wieder machte sich das irre Kichern in ihr breit.

Aber was war mit Mats? Konnte, durfte sie das hier? *Darf ich mich um dich kümmern*, hatte er gefragt.

Sicher doch, aber weshalb kümmerte er sich dann nicht, verdammt noch mal?! Ava trank trotzig von ihrem Champagner.

James schien nichts von ihrem inneren Kampf zu bemerken und schlenderte schon weiter, ehe sie sich entscheiden musste. Sie hörte sein aristokratisch klingendes Englisch – kurze, wie abgeschnittene Vokale und eine gleich bleibende Intonation: »Hier, das koloniale Zimmer, voller Leopardenhäute, alter Gewehre und einem Bett, das in einem Zelt verborgen ist. Nebenan ist alles in Lila. Das ist das Zimmer ›Borgia‹ … Einmal Kardinal der Renaissance sein …« Er stieß die Tür auf und zwei halb bekleidete Leute flüchteten sich mit einem Lachen hinter die Vorhänge des Himmelbetts.

»Oh Pardon«, sagte James und zog grinsend die Tür zu. »Ich glaube, wir gehen besser wieder runter.«

»James!«, röhrte Troy, als sie den Festsaal betraten, und stand schwankend auf. »Alle Damen aufgepasst! Der Trauzeuge ist wieder da!«

Ava bemerkte plötzlich eine hübsche schmale Blondine, die nahe der Braut saß: Sie war als Madonna mit gewelltem Haar, Gaultier-Tüten-BH und knallroten Lippen verkleidet. Als sie James sah, erhob sie sich halb, verharrte dann aber in ihrer Bewegung, als er abwinkte: »Sorry, Ladys. Ich bin heute Abend vergeben. Das ist Ava. Wie man sieht!«

»Willkommen, Ava«, brüllte Troy, der sich offensichtlich an nichts erinnerte, obwohl auf seiner Stirn drei Stiche prangten. Genau dort, wo Ava ihn mit dem Bierglas erwischt hatte! Wollte er sich nicht erinnern oder war er wirklich so eine Dumpfbacke?!

Troy nahm die Hand seiner Frau und küsste ihre Finger. »Das ist die neue Mrs. Winter. Wunderschöne Mrs. Winter!« Dann sah er auf. »Wollt ihr noch vom Braten essen? Oder ist jetzt Zeit für Leichteres? Ich habe für alle genug da! Massen davon!«

»Was denn Leichteres?«, flüsterte Ava James zu.

»Hm?« Er neigte ihr den Kopf zu und hinter seinen Brillengläsern funkelten seine Augen vergnügt.

»Ich glaube, es ist Zeit für den Nachtisch!«, lallte Troy weiter und einige Gäste jubelten zustimmend.

Avas Magen knurrte, doch sie wollte nichts sagen. Nachspeise war auch okay – sie mochte Süßes schließlich gern. Und so wie die anderen Gäste reagierten, schien es ja etwas Leckeres zu geben.

Troy hob beschwichtigend die Hände, bis Ruhe herrschte. Dann läutete er eine kleine Glocke. Ava verstand nichts: Was ging hier vor sich? Diener kamen herein und trugen rasch die Platten und das benutzte Geschirr ab. Ava musterte ihre ausdruckslosen Gesichter. Gewiss sahen und hörten sie doch alles. Was hielten sie davon? Wo lebten sie? Hier, hinter dem Haus? Oder nahmen sie mitten in der Nacht ein *Matatu* zurück in einen Slum? Und interessierte das sonst noch jemanden hier, außer ihr?

Das Kerzenlicht brach sich im Kristall der letzten Gläser. Der Speisesaal füllte sich, wobei viele der Gäste nun reichlich zerfeiert wirkten. Ava sah sich um: Plötzlich konnte sie James nicht mehr sehen. Ach ja, dahinten war er, beim Brautpaar! Aber er sprach mit der Blondine, der nun die Tränen über die Wangen strömten. Was war da los? War sie etwa betrunken? James schien sie irgendwie zu beschwichtigen.

»Nein, Tash. Tash, bitte ...«, drang seine Stimme zu ihr durch.

Der Tisch war nun abgeräumt, als die Türen aufflogen und große Tabletts voll weißem Puder hereingetragen wurden. Ava hielt sich vor Staunen und Schreck an einer Kommode fest. Das war doch nicht etwa ...!? Doch, war es. Wie im schlechten Film! Die Gäste jubelten erneut und rollten Schilling-Scheine zu kleinen Röhren zusammen. Aufpeitschende Musik dröhnte aus den Boxen. Die Angestellten standen rechts und links von den Türen und sahen angestrengt geradeaus.

Das ist irre, dachte Ava. Einfach irre. Niemand daheim würde ihr das glauben. Dann, als die Gäste sich lachend die ersten Lines zogen, verknotete sich ihr der Magen. Wie kann man so abgefahren dekadent verschwenderisch sein, während draußen auf der Straße die Menschen hungern und sich Kinder mit Straßenhunden um Kadaver prügeln? Was war denn mit den Leuten hier los?

»Hey, Ava Gardner. Nimm auch einen Zug ...« Ein fremder Mann bot ihr eine Line an, doch Ava schüttelte den Kopf.

»Nein, danke«, sagte sie heiser und auch hilflos, gerade als James zu ihr kam. Gott sei Dank – sie wollte ihn zu ihrem Schutz an ihrer Seite. Sie sah zu der Blondine, die sich gerade tief über eines der Tabletts beugte.

»Wie gefällt es dir?« Er legte den Arm um ihre Schultern. Ava versteifte sich instinktiv. Die Berührung war irgendwie in dieser Umgebung – sehr nahe. Zu nahe? Ihr wurde die Kehle trocken.

Viel lieber läge sie jetzt in ihrem Bett im Flora Hostel oder futterte Chips bei Mats auf der Couch. Nur zu dumm, dass er sie nicht dazu eingeladen hatte!

Plötzlich wollte sich ihr der Magen umdrehen. Wie dumm sie gewesen war! Was tat sie hier, wo es in jedem Schlafzimmer jemand trieb und Koks kiloweise angeboten wurde? Das war nicht ihre Welt, das war nicht, was sie unter bunt und lustig verstand! Die Eingeladenen zogen Line nach Line und Ava wurde ganz schwach vor Schreck.

»Ich will nach Hause. Ich will sofort nach Hause«, brach es aus ihr heraus. Sie spürte zu ihrem eigenen Erstaunen Tränen aufsteigen. »Das ist alles zu viel für mich! Ich will raus aus diesem Hurenhaus.«

»Natürlich. Natürlich. Verzeih …« James klang erstaunt, zog sie aber aus dem Speisesaal. Ava warf noch einen letzten Blick in den Raum, ehe sie James überholte und ihm voraus über die Veranda in den Garten lief. Dort rang sie nach Atem: Die kalte Nachtluft erfrischte sie.

Der Anblick der Angestellten, die das letzte Fleisch unter sich verteilten und es mit gekreuzten Beinen im feuchten Gras sitzend aßen, hatte etwas beruhigend Normales. Sie dachte plötzlich an ihr erstes *Nyama Choma* zusammen mit Tanu und Mats, an den dürren alten Rost, auf dem das Fleisch gelegen hatte, und an die Not und das Leid um sie herum. Nein, Tanu und Mats konnte sie nichts von diesem Fest erzählen! Mats hätte mit seiner Warnung nichts als recht gehabt. Sie zitterte plötzlich am ganzen Leib: vor Wut auf die anderen, aber vor allen Dingen auf sich selbst! Ava schlüpfte aus ihren Schuhen und rannte barfuß über den Rasen hin zu den parkenden Autos.

James folgte ihr noch immer. Sie hörte seine Schritte im Gras hinter sich. Plötzlich weinte sie wirklich, ob aus Müdigkeit, aus Scham oder aus Zorn, konnte sie nicht sagen. Die Tränen strömten ihr nur so über die Wangen, und ein, zwei Male musste sie im Lauf innehalten, um nach Atem zu ringen.

»Ava!«, rief er. »Ava, warte auf mich. Bitte!«

Ava jedoch lief wieder los und dieses Mal noch schneller. Was war dieses Fest und wer waren diese Leute? Wofür lebten sie? Nein, nicht *sie* war die Spießerin, sondern *die dort drinnen* waren die verlorenen Seelen. Umgeben von aller Schönheit und Privilegien der Welt, fiel ihnen nur ein solcher Dreck ein.

Als sie am Auto ankamen, lehnte sich Ava keuchend gegen das Blech und schloss kurz die Augen. Ihr war schwindelig und sie hatte Seitenstechen. Dann sah sie nach oben in den endlosen Himmel. Es war plötzlich stockdunkel, denn Wolken waren vor den Mond und die Sterne gezogen. Das passte ja!

James hatte sie eingeholt und fasste ihre Schultern, aber sie machte sich mit einem Ruck von seinem Griff frei. Er ließ es geschehen und öffnete seine Hände stattdessen bittend. »Entschuldige, Ava. Ich dachte, es wäre eine nette Feier und etwas Besonderes für dich, wo du doch gerade neu angekommen bist!«

»Etwas *Besonderes*. Das war es allerdings!«, fuhr sie ihn an. »Lädst mich auf eine Kokain-Orgie ein. Ist das deine Welt? Meinst du, du beindruckst mich dadurch? Nein, danke! Ich habe so was nicht nötig und wesentlich mehr auf dem Kasten, okay?!«

Sie zitterte, ihre Stimme zitterte – oh Mann, was für ein Mist! Sie hatte sich so auf den Abend gefreut, und nun das! Dümmer ging es ja nicht mehr. Was hatte sie eigentlich erwartet?!

»Ich hatte ja keine Ahnung…«, setzte James erneut an.

»Keine Ahnung? James, das sind deine *Freunde!* Du bist Troys Trauzeuge. Und da willst du *keine Ahnung* haben?«, schnaubte Ava verächtlich.

»Ja, aber sie heiraten auch zum ersten Mal! Wie die Feier ablaufen würde, wusste ich nicht. Bitte, bleib.«

»Nein. Kommt gar nicht infrage. Bring mich heim. Sofort.«

»Okay.« Er legte ihr die Hände auf die nackten Schultern und dieses Mal ließ sie es geschehen. »Bitte sei mir nicht böse, ja? Es war ein – Versehen.«

Sie spürte trotz der Dunkelheit seinen flehenden Blick. Ava zählte für sich bis fünf, um sich einigermaßen zu fassen. Dann gab sie nach. Vielleicht übertrieb sie wirklich. Schließlich hatte er selbst sich nicht schlecht benommen und war den ganzen Abend ein Gentleman gewesen ... oder?

»Okay«, sagte sie und meinte es auch. Er hatte es sicher nicht so gemeint und vielleicht wirklich nicht so genau gewusst, was von der Feier in den Ngong Dairys zu erwarten war. Das war doch möglich, oder? Sie mochte ihn trotz allem, irgendwie. Gerade weil alle sich so zweifelnd über ihn äußerten, war sie bereit, ihm eine Chance zu geben. Sie wollte nicht, dass er so zerknirscht war.

Er wischte sich spaßhaft die Stirn und sperrte den Wagen auf. »Puh. Dann bin ich ja erleichtert. Ich mache das wieder gut, in Ordnung?«

Was dachte er wohl nun von ihr, wunderte sich Ava, als sie sich anschnallte. Dass sie langweilig und verklemmt war? Innerlich kringelte sie sich zusammen. Wie hatte sie die Ngong Dairys genannt? Dieses *Hurenhaus*? Oje.

Das war es dann wohl gewesen mit James Cecil.

Doch ehe er den Motor anließ, küsste er noch einmal ihre Hand und sagte: »Du bist ein Mädchen mit Charakter. Was ganz Besonderes.«

WIR WERDEN ALLE SATT

»Kann ich dir helfen, *Mama*?«
»Nein, ich. Kann ich dir helfen?«
»Ich habe sie zuerst gesehen! Wen suchst du, *Mama*?«
Mama, die Anrede für jede Frau auf den Straßen von Nairobi. Ava musste plötzlich lachen, als sich beim Aussteigen aus dem *Matatu* in Kibera so viele Kinder um sie drängten, die alle an ihr zupften und zogen, als wollten sie ein Stück von dieser *Mzungu*-Frau, die da so unerwartet an einem Sonntag ankam. Es war gegen elf Uhr morgens. Für die Verhältnisse des Flora Hostels, wo um 5.30 Uhr unter Sister Elisabeths Führung zur Morgenandacht geläutet wurde, hatte sie richtig verschlafen. Im Speisesaal hatte Ava dann gerade noch die letzten Reste ergattert, ehe sie sich auf den Weg nach Kibera gemacht hatte. Gerade als sie sich ihre Jeans und ein langärmliges T-Shirt angezogen hatte, hatte ihr Handy gepiept. *James Cecil*, hatte auf der Anzeige gestanden.

Ava hatte kurz gezögert. Sie war noch immer aufgewühlt von dem Abend, den sie mit ihm verbracht hatte. Dennoch hatte sie die Nachricht aufgerufen:

Danke für Deine Gesellschaft gestern Abend. Sorry noch mal.

Willst Du mich nächstes WE besuchen kommen? Ich schicke ein Auto. xx J

Ich würde gerne, aber nächstes WE kann ich nicht. Helfe bei einem Storytelling-Workshop. A

Vielleicht dann die Woche drauf? Für Dich halte ich mir die Termine frei ... ☺

Mal sehen, okay? Aber danke für die Einladung!

Sag einfach Ja, Ava. Es geht ganz einfach, und wenn Du Dir nicht so viele Gedanken machst, kannst Du den Tag viel besser genießen!

Ava hatte tief durchgeatmet. Seine Hartnäckigkeit gefiel ihr.

Also gut: JA. Ich komme. Ava

Nun stand sie also wieder auf den Straßen des riesigen Slums. Seit dem ersten Workshop vergangene Woche war sie nicht mehr in Kibera gewesen, doch der Schock war noch immer derselbe. Gewöhnte man sich irgendwann an so etwas?

»Wen suchst du, *Mama*?«, meldete sich wieder eines der Kinder zu Wort.

»Ich suche ein Mädchen namens Tanu. Sie wohnt hier in Lindy ... Ich meine, ich glaube, dass sie hier wohnt!«

»Was willst du von Tanu?«, fragten die Kinder sofort und alle quer durcheinander.

Was sollte sie darauf sagen? Am besten die Wahrheit. »Wir waren gestern zusammen in Gikomba, und ich habe vergessen, ihr ihre Kleider zu geben.« Ava hielt zur Erklärung eine alte Tüte hoch. Dass sie instinktiv am Frühstücksbuffet auch noch ein paar Bananen und eine Handvoll italienische, in der Küche des Hostels gebackene *Dolce* – ein kleines, mit Schokolade und Marzipan gefülltes Gebäck – mit eingesteckt hatte, sagte sie lieber nicht. Sie hätte gerne ganz Kibera gefüttert, aber es ging nicht. Wenigstens konnte sie Tanu und ihre Geschwister verwöhnen, wenn sie schon einfach so reinschneite.

»Du warst in Gikomba? DU? Eine *Mzungu*?«, fragte ein Kind mit vor Erstaunen tellergroßen Augen.

Ava seufzte. In diesem Tempo würde sie Tanu nie finden! Die Kinder schienen ihre Ungeduld zu spüren und sahen einander fragend an. Ungeduld, das hatte Ava schon begriffen, war kein Problem, mit dem die schwarzen Kenianer zu kämpfen hatten. Sie hatten *immer* Zeit, für alles. Ungeduld war weiß. Plötzlich zeigten Finger in alle nur möglichen Richtungen.

»Tanu wohnt dahinten!«

»Nein, sie wohnt da vorne!«

»Quatsch. Folg mir. ICH weiß, wo Tanu wohnt …«

»Nein, ICH weiß es!«

Eine Vielzahl von Stimmen plapperte durcheinander. Kleine Hände griffen nach ihren und zogen an ihr. Ava bekam das Gefühl, dass es in Kibera schick war, Bescheid zu wissen, ganz egal, ob man wirklich etwas wusste oder nicht. Würde sie Tanu je finden oder musste sie sich geschlagen geben und wieder ins Flora Hostel abrücken? Darauf hatte sie keine Lust. Sie war müde und von den wechselvollen Eindrücken des Vortages angeschlagen.

»Ich kenne Tanu«, sagte da ein Junge mit ruhiger Stimme.

Er hatte sich bisher still im Hintergrund gehalten. Er war noch magerer als viele der anderen Kinder und seine Augen waren stark entzündet und mit einem roten Schleier überzogen. »Komm, ich bringe dich zu ihr.« Alle anderen Kinder schwiegen plötzlich und bildeten eine Gasse. Erst zögerte Ava kurz, aber dann folgte sie dem Jungen doch. Einen Augenblick verspürte sie noch Unwohlsein: Konnte sie ihm denn trauen? Was, wenn er sie in eine dunkle Ecke lockte und sie ausraubte? Das war laut James Cecil neben Verkehrsunfällen hier an der Tagesordnung. Und sie hatte sich nicht einmal die Kopie ihres Personalausweises eingesteckt!

Doch als sie sich umdrehte, verflogen die Sorgen vollständig: Die anderen gut zwanzig oder dreißig Kinder folgten ihnen wie ein Rattenschwanz, flüsterten und kicherten und ahmten Avas Gang nach. Sie glaubten dem Jungen ganz offensichtlich, also blieb ihr selber nicht viel anderes übrig.

»Müsst ihr nicht in die Schule?«, fragte sie hilflos.

»Heute ist Sonntag, *Mama*«, kicherte ein Mädchen. »Morgen wieder, okay?«

Ava gab auf. Stattdessen konzentrierte sie sich darauf, mit dem Jungen Schritt zu halten. Er lief mit seinen ausgelatschten Flip-Flops sehr schnell, verschwand überraschend in kleinen Seitengassen, sprang über Gräben und Kloaken, wich Händlern samt Bauchladen ebenso geschickt aus wie wandernden Teeküchen und vergewisserte sich doch immer mit raschen Blicken über seine knochige Schulter, dass Ava noch da war.

Sie folgte ihm bald, ohne noch auf den Weg zu achten – hoffentlich fand sie hier je wieder heraus, dachte sie nur einmal, als sie Atem schöpfte. Der Schweiß stand ihr auf der Stirn, denn der Himmel war heute wolkenlos und die Sonne näherte sich ihrem Zenit. Es kam ihr wie eine Ewigkeit vor, dass sie den *Matatu*-Sammelplatz hinter sich gelassen hatte! Sie sah sich um: rechts und links, vorn wie hinten ähnelte eine Gasse vollkommen der anderen. Es gab nichts, woran sich ihr Blick festhalten und erinnern konnte. Kibera war wirklich ein Dschungel, dicht und undurchdringlich. Der Slum schluckte alles wie Treibsand.

»Sind wir bald da?«, fragte sie rau. Ihre Kehle brannte: Weshalb hatte sie sich keine Wasserflasche eingepackt? Der dümmste aller Anfängerfehler. Bald würde es heißen: *häufigste Todesursachen: Verkehrsunfälle, Überfälle und Deppen, die sich kein Wasser einstecken.*

Da blieb der Junge vor einer Hütte stehen, die wie alle anderen aus Pappe, Plastik und Wellblech zusammengebastelt worden war.

Ava schluckte. Aus der Hütte hörte sie leise Stimmen und ein Lachen. Ein Radio dudelte, und an der Wäscheleine, die sich im Zickzack von einer Seite der schmalen Gasse an die andere schlängelte, hingen Kleider aller Größen. Vor der Tür lag Müll, der sich bewegte. Ava wusste, weshalb: In Kibera gab es überall fette Ratten, die alles fraßen, was sich nicht schnell genug fortbewegte. In der Nacht, so hieß es, schwemmten die Viecher wie eine schwarze Welle durch die Gassen von Kibera und fraßen alles, was sich ihnen in den Weg stellte. Avas Magen stülpte sich um wie ein Handschuh, den man sich von den Fingern reißt. Sie presste die Finger vor den Mund und besiegte die aufsteigende Übelkeit. Jetzt nur nicht schlappmachen. Nicht vor Dutzenden neugieriger kleiner Augen, die keine Schwäche verziehen.

»Ist es hier?«, hakte sie mühsam nach, wie um sich selber in die Wirklichkeit zurückzuholen.

»Ja. Wir sind da.« Der Junge blieb abwartend stehen und ließ Ava nicht aus den Augen.

»Hier?!« Ava fand die Hütte selbst für die Verhältnisse von Kibera sehr klein – vor allen Dingen für Tanu *und* ihre Geschwister! Hm. Ava zögerte. Tanu würde Augen machen! Sie war sich nicht mehr so sicher, ob sie wirklich einfach so unangemeldet hier hätte auftauchen sollen. Hätte sie Tanu die Kleider doch in Mats' Haus oder beim nächsten Workshop geben sollen? Plötzlich wollte sie umkehren: Tanu hatte sie nicht eingeladen. Noch konnte sie einfach wieder heimfahren … Nein. Jetzt war sie hier.

Sie sah sich noch einmal um. Worauf wartete der Junge eigentlich? Sollte sie ihm Geld geben? Sie tastete zögerlich nach der Rücktasche ihrer Jeans, in die sie wie immer lose einige zerfledderte Schilling-Scheine gesteckt hatte.

»Nein, nein, Mama. Lass mal«, wehrte er ab. »Ich helfe dir gern.«

»Danke … wie heißt du?«, fragte Ava, als er noch immer stehen blieb, wie auch alle anderen Kinder. Sie bildeten einen Kreis um sie.

»Ich heiße Sita«, sagte der Junge da.

»Was bedeutet das?«, fragte sie instinktiv. Er lächelte schüchtern und sein ganzes schmales Gesicht verwandelte sich dadurch. Es wurde warm und freundlich.

»Sechs.«

Da dämmerte es ihr: »Du bist Tanus kleiner Bruder, oder?« Noch bevor der Junge etwas erwidern konnte, hob sich der aus schmutzigen Fetzen zusammengenähte Vorhang, der am Eingang zu Tanus Hütte hing.

»Sita? Mit wem sprichst du? Du kommst gerade rechtzeitig zum Mittagessen …« Tanu steckte den Kopf aus der Tür und blinzelte ins Sonnenlicht. Oder blendete das Licht sie gar nicht? Ava erschrak: Tanus Augen waren verschwollen, als hätte sie geweint. In der Hütte, herrschte bis auf die Flamme eines kleinen Gas-Bunsenbrenners und das Tageslicht, das durch die Ritzen und Spalten der Hütte in ihr Inneres fiel, Finsternis.

»Er spricht mit mir, Tanu«, sagte Ava leise.

Tanu fuhr zusammen. »Ava! Was machst du hier?!« Sie legte sich schützend die Hand über die Augen.

»Sorry, dass ich einfach so hereinschneie. Ich bringe dir deine Kleider …« Ava brach ab und wartete unsicher auf Tanus Reaktion. Würde sie wütend auf sie sein? Bisher hatte sie alle Versuche von Ava, sie zu besuchen, abgewehrt.

»Hallo, Ava«, sagte Tanu nach einer kleinen Ewigkeit. »Nun bist du also da.« Der traurige Ausdruck auf ihrem Gesicht war Ava neu und er schnitt ihr ins Herz. Die Tanu, die sie kannte, war voller Tatkraft und jonglierte scheinbar mühelos Jobs und die harten Notwendigkeiten des Lebens wie unterschiedliche Spielbälle.

»Jaja, aber ich will nicht stören«, sagte Ava hastig. »Wenn ihr doch gerade esst ...«

Tanu schüttelte den Kopf. »Sei bitte unser Gast. Es gibt Suppe. Wo wir satt werden, findest auch du noch Platz.«

Sie hob den Vorhang ganz zur Seite. Ava wurde schwach vor Erleichterung. Länger als notwendig wollte sie nicht mehr auf den Gassen von Lindy herumstehen, wo die Blicke von gefühlt tausend Augenpaaren sie aus allen Behausungen und Ecken abtasteten.

Ava tauchte in das Dunkel der Hütte ein. Innen war die Decke zu niedrig, um aufrecht stehen zu können. Sie schnappte nach Luft – oder eher nicht, denn hier drinnen herrschte ein unerträglicher Mief: nach Mensch, nach Angst, nach Armut. Sie sah sich möglichst unauffällig um. Nahe dem Eingang weichten in einem Bottich ein paar Kleider ein. Ava erkannte die kleine weiße Bluse, die Tanu trug, wenn sie in Mats' Haus in Karen arbeiteten. Auf dem Bunsenbrenner brodelte tatsächlich in einem Topf eine Suppe, die aber so dünn war, dass ihr Wasser eine Karotte gerade mal aus der Ferne gesehen haben konnte, mehr nicht. Von Fleisch ganz zu schweigen.

Ava schämte sich für ihre Taktlosigkeit. Hier einfach so aufzutauchen. Ob von dem Essen überhaupt fünf satt wurden? Wo waren die anderen eigentlich? Im Moment entdeckte sie nur Sita, der sich neben den Topf gehockt hatte und gerade nach einem Stapel Blechschalen griff.

Aber in dem Eck lag noch etwas anderes, ein kleiner, dunkler Umriss. Es atmete schwach und unregelmäßig. Ava wagte nicht, zu genau hinzusehen. Etwas geschah hier, das sie nicht erfassen konnte und in das sie einfach hineingeplatzt war. Es war unmöglich, den Druck und die Trauer in der Hütte zu ignorieren.

»Magst du was trinken, Ava?« Tanu bot ihr eine grob geschnitzte Holzkelle an, in die sie Wasser aus einem Kanister gefüllt hatte. Dann wies sie Sita an: »Gib Kumi zuerst von der Suppe. Sie braucht am meisten Kraft.« Sita nickte und Ava dachte: Kumi, das musste die jüngste Schwester sein, denn Kumi hieß zehn.

Ava verfolgte stumm vor Entsetzen jede von Sitas Bewegungen: wie er die Suppe übervorsichtig in einen kleinen, verbeulten Blechnapf schöpfte, um auch ja keinen Tropfen zu vergeuden. Wie er sie blies, damit sie nicht zu heiß war. Wie er dann zu dem Bündel in der Ecke kroch. Avas Augen gewöhnten sich nun an das Dämmerlicht. Das Bündel wurde zu einem kleinen Mädchen. Es schien nur aus einem Kopf mit riesigen dunklen Augen zu bestehen.

»Hier«, sagte Ava mit belegter Stimme. »Ich habe auch noch was.« Sie zog die zerdrückten *Dolce* aus der Tasche. Plötzlich kam sie sich dumm vor. Saudumm. Wenn jemand einen nicht einladen wollte, dann hatte das wohl schon seinen Grund, begriff sie.

»Danke«, sagte Tanu dennoch schlicht und nahm ihr das Gebäck ab. »Das ist ein schönes Mitbringsel.« Sita hob Kumi den kleinen Kopf und löffelte ihr von der wässrigen Suppe in den Mund.

Tanu sah sie an, ihre Augen waren ernst. »Kumi ist sehr krank, Ava. Sie war immer das schwächste meiner jüngeren Geschwister.«

Ava wurde schwindelig. Die Dunkelheit der Hütte, der Mangel an Luft, die riesigen, ruhigen Augen des Kindes dort, das nicht älter als sieben oder acht Jahre sein konnte, alles verbündete sich und drückte sie mit ungeahnter Gewalt nieder. Sie wollte etwas sagen, doch wenn sie jetzt sprach, dann bräche ihre Stimme, das spürte sie. Ava wusste nicht, was sie tun sollte. Sie wünschte sich, sich irgendwo festhalten zu können, doch es gab nichts in der Hütte. So schlang sie sich die Arme um den Leib und merkte erst jetzt, wie sie zitterte.

»Was hat sie denn?«, brachte Ava schließlich hervor.

»Sie ist HIV-positiv.« Tanu musterte die reglose Ava. Ihr Blick hielt sie dort in der Mitte der Hütte gefangen und sperrte alles andere außer ihnen beiden aus. »Hast du nun Angst, hier bei mir?«, flüsterte sie. »Hast du Angst – *vor* mir?«

»Nein.« Ava schüttelte entschieden den Kopf. Es war die Wahrheit. Sie wusste, wie man sich mit dem Virus ansteckte – gewiss nicht dadurch, dass man *Dolce* verteilte und bei Kranken in der Hütte war. Sie konnte nicht anders: Sie zog Tanu an sich und umarmte sie fest. Es war ihr, als würde ihre Freundin sich in der Umarmung auflosen.

»Weshalb hast du mir denn nichts gesagt?«, würgte Ava, als sie Tanu wieder losließ.

Die zuckte schwach mit den Schultern. »Ist das was, was man sich einfach so erzählt, wenn man ins *Carnivore* oder zum Shoppen nach Gikomba geht? Ach, übrigens, meine Schwester ist HIV-positiv, und ich weiß manchmal nicht, wie ich sie und die anderen durchbringen soll?«

Tanu sah nun so traurig aus, dass Ava sie erneut an sich ziehen und sie drücken wollte. »Und doch waren gerade diese Momente so wertvoll für mich, Ava. Du ahnst nicht, wie sehr. Manchmal denke ich, ich drehe durch hier. Oft kann ich einfach nicht mehr. Alles hängt an mir. Ich arbeite für uns alle, pausenlos, und am Abend schmerzen mir alle Knochen. Die Augenblicke mit dir waren so frei ... Aber ich hatte auch Angst, du hättest Angst. Ich meine, wenn ich dir die Wahrheit sage. Vielleicht wolltest du dann nicht mehr meine Freundin sein.«

»So ein Unsinn ...«, krächzte Ava, obwohl sie Tanu verstand.

Tanu lächelte schwach, während sie Kumi durch die Haare strich. »Uns trennt so viel, Ava. Und doch bin ich so gerne mit dir zusammen. Du bringst mich immer wieder zum Lachen.«

»Bist du denn auch ... ich meine, hast du auch ...?« Ava wusste nicht, wie sie den Satz beenden sollte.

Tanu verstand dennoch. Sie schüttelte den Kopf. »Nein. Nur Kumi. Mein Vater hat meine Mutter angesteckt, als sie mit ihr schwanger war. Wir sind kurz darauf gemeinsam nach Nairobi gegangen, und als meine Eltern gestorben sind, habe ich eben die Verantwortung übernommen. Ich muss doch studieren und eine gute Arbeit finden ...« Tanu brach ab.

Zum ersten Mal sah Ava etwas wie Erschöpfung oder Resignation im Gesicht ihrer neuen Freundin und sie wollte sie wieder in den Arm nehmen. Doch gleichzeitig spürte sie, dass Tanu das nicht wollte.

Tanu schob Kumi nun kleine Brocken *Dolce* zwischen die schmalen, aufgerissenen Lippen. Kumis Atem kam und ging schwer und rasselnd, und doch zu flach für die magere kleine Brust, deren Rippen sich unter der Decke abzeichneten. Ava sah schweigend zu und wischte sich den Rotz mit dem T-Shirt-Ärmel ab. Tränen liefen nun ungehindert über ihr Gesicht. Wie konnte Tanu das aushalten?

»Wir müssen einen Arzt holen«, schluchzte Ava. »Einen Arzt. Jemanden, der hilft …«

Tanu schüttelte den Kopf. »Wofür? Ich kann ihn nicht bezahlen und er kann ihr doch nicht wirklich helfen.«

»Ich kann ihn doch bezahlen …«, sagte Ava verzweifelt. Ein Arzt, mein Gott, ein Arzt! So einer, wie sie ihn in Augsburg aufsuchen ging, bei Ohrenschmerzen oder anderen lächerlichen Wehwehchen.

»Ein Arzt«, schluchzte sie noch einmal, obwohl sie wusste, dass es sinnlos war und Tanu ihre Hilfe nicht annehmen würde. »Bitte, ein Arzt.« Vor der Stille, die in der Hütte herrschte, verebbte auch ihre Stimme. Nur draußen in Kibera ging das Leben weiter, grausam gleichgültig. Wahrscheinlich gab es hier tausend, ach was, hunderttausend kleine Kumis, begriff Ava.

»Geh jetzt, Ava«, hörte sie Tanu wie durch einen Schleier sagen. »Danke, dass du gekommen bist. Es war mir ein großer Trost. Wir sehen uns morgen bei Mats, ja?«

Ava wusste nicht, was sie entgegnen sollte. Welche Worte waren auch in einem solchen Augenblick die richtigen? Gebückt strauchelte sie zum Eingang und blickte noch einmal zurück. Tanu schenkte Ava ein letztes, fast entschuldigendes Lächeln, und auch Sita winkte ihr freundlich zu, so als wäre sie gerade nicht beinahe in seiner Hütte zusammengebrochen. Ava hob den Vorhang mit zitternden Fingern und stolperte ins Tageslicht. Wie lange war sie dort in Tanus Hütte gewesen?

Es musste nun Mittag sein, die Sonne stand senkrecht am Himmel und blendete sie grell. Das Blut rauschte Ava in den Ohren und sie taumelte von der Hütte weg. Der Schlamm, der Müll, die Kloake, alles war ihr egal. Sie schaffte es bis in den nächsten Gang. Dort lehnte sie sich gegen eine Wand und würgte. Gleich musste sie sich übergeben. Gleich – sie presste sich verzweifelt eine Hand vor den Mund. Alles in ihr rebellierte, stülpte sich um, stieg an wie eine dunkle Welle, die sie mit sich schwemmte.

»Willst du wieder zur *Matatu*-Haltestelle?«, fragte sie ein Kind da.

Ava nickte stumm, fischte einen Zwanzig-Schilling-Schein aus ihrer Gesäßtasche, drückte ihn der Kleinen in die klebrige Hand und folgte ihr blind vor Tränen durch ganz Lindy. Erst als sie an dem Minibus ankam, merkte sie, dass sie die Tüte mit Tanus Kleidern noch immer in der Hand hielt.

Der Ursprung aller Dinge

Ava zuckte zusammen und fuhr aus einem Traum auf, an den sie sich schon beim Erwachen nicht mehr erinnern konnte. Was blieb, waren Bilder, die langsam, viel zu langsam, an Kraft verloren.

Was hatte sie geweckt? Ihr Handy klingelte. *Mats* stand auf der Anzeige, und gleichzeitig sah sie, dass sie neun verpasste Anrufe hatte. Fünf von ihm, vier von James Cecil. Hatte sie all das einfach verschlafen? Kein Wunder. Erst diese albtraumhafte Feier in den *Ngong Dairys*. Dann Kumi, die so krank war ...

Ava drückte auf den Antworten-Knopf. Beim zweiten Klingeln nahm Mats ab.

»Ava?«

»Ja?« Sie merkte, dass ihre Stimme brüchig klang, und räusperte sich rasch. Gleichzeitig ließ sie sich wieder auf ihr Bett sinken.

»Ava! Wie geht es dir? Ich wollte sehen, ob du gut nach Hause gekommen bist. Irgendwie hat mir die Sache mit James Cecil nicht gefallen. Und das war doch Troy Winters Hochzeit, die dort gefeiert wurde, oder? Alles in Ordnung?«

Ava begann still zu weinen. »Nein. Nichts ist in Ordnung.«

»Was ist passiert? Hat der Kerl dir wehgetan? James meine ich ...«

»Nein, nein ... Das ist es nicht.«

»Was ist dann los?« Irgendwie klang seine Stimme erleichtert, so als ob ihr hier nichts Schlimmeres passieren könnte, als dass James Cecil sich bei einem gemeinsamen Abend danebenbenahm.

»Marzipan«, schluchzte Ava. »Ich habe ihr ein Dolce gegeben. Es war mit Marzipan gefüllt. Und sie ist so krank. Ich ...« Tränen würgten ihr die Stimme ab.

»Meine Güte, wer denn? Wovon redest du, Ava?«

»Von Kumi. Tanus kleiner Schwester. Ich war heute Morgen in Kibera ...«

Mats schwieg einen Augenblick lang. Dann sagte er: »In Kibera?! Und da bist du heute ganz allein hingefahren? Hatte Tanu dich denn eingeladen?«

Er *wusste* es. Natürlich! Plötzlich wurde Ava zornig. Sie dachte an seine abwehrend glatte Stimme, als er nach dem ersten Workshop gesagt hatte: *Sie kümmert sich um ihre Geschwister. Das Übliche eben.* Sie musste schlucken, ehe sie weitersprechen konnte.

»Nein. Sie hatte mich NICHT eingeladen. Ich bin einfach hingegangen, doof, wie ich bin. Ich habe überhaupt nichts kapiert. Weshalb hast du mir denn nichts gesagt? Warum lässt du mich so ins offene Messer laufen«, schrie sie beinahe ins Handy. Es tat gut, den Zorn über sich selbst mit Schwung bei jemand anderem abzuladen. Es tat so *richtig* gut. »Warum lässt du mich in solche Situationen rennen? Nennst du das etwa *dich* kümmern? Was willst du, Mats? Was willst du von – *mir*?«

Er schwieg einen Augenblick lang, ehe er sagte: »Tut mir wirklich leid, Ava. Ich hab nicht richtig nachgedacht, oder besser: Ich habe gedacht, es ist einfacher, wenn du nicht gleich alles mit voller Wucht abbekommst. Nicht wissen schützt auch, weißt du? In diesem Land verlaufen so viele unsichtbare Trennlinien, die ein echtes Verstehen verhindern. Selbst unsere Arbeit kann diese Trennlinien nicht überwinden, so sehr wir es auch immer wieder versuchen.«

Ava legte sich die Hand auf die Stirn und weinte. Nein: Sie heulte. So sehr sie es wollte, sie konnte einfach nicht aufhören. Immer wenn sie sich fassen wollte, kamen neue Tränen. Es war kein Weinen, das sie noch unglücklicher machte, sondern eines, das Heilung brachte und alle Traurigkeit aus ihr herausschwemmte.

Mats hörte ihr nur zu. Dann, als sie zwischen zwei letzten Schluchzern Atem schöpfte, sagte er: »Verzeih mir, Ava. Ich war so ein Idiot. Ich komme dich jetzt abholen und zeige dir etwas ... Etwas, das dir Kraft gibt. Ich kann dich nicht so allein lassen. In Nairobi ist das gefährlich.«

»Was denn?«, würgte Ava hervor.

»Den Ursprung aller Dinge.«

Was sollte sie jetzt noch tun? Rätsel raten? »Nein, nein, ich ...« Ava wehrte ab. Sie hörte selbst, wie schwach es klang.

»Doch. Sorry. Bin schon unterwegs«, sagte Mats knapp.

»Wehe, du wartest nicht auf mich!«

Klick. Er hatte aufgelegt. Und klopfte 45 Minuten später an ihre Tür, den Autoschlüssel noch in der Hand. Er sagte nichts, sondern öffnete nur seine Arme: Ava war noch nie so froh gewesen, einen anderen Menschen zu sehen, wie in diesem Augenblick. Sie konnte nicht anders, als sich an ihn zu pressen. Es war so schön, von ihm gehalten zu werden, einfach so, dicht an ihn gedrückt, ihr Herzschlag gegen den seinen. Wieder stiegen Tränen in ihr hoch und sie musste weinen, aber dieses Mal schon stiller und müder. Mats hielt sie nur stumm fest, bis sie sich beruhigt hatte, was eine kleine Ewigkeit zu dauern schien.

»Das Land erwischt uns alle. Früher oder später«, sagte er dann und schob sie etwas von sich fort, um ihr ins Gesicht zu sehen. Ava bemerkte erneut die kleinen Falten um seinen Mund und seine Augen. Sie gefielen ihr. Man sah, dass er viel lachte. Sie hielt seinem Blick stand und schließlich griff er behutsam nach ihrer Hand und sagte mit ruhiger Stimme: »Lass uns gehen.«

»Wohin?«, schniefte sie.

»Nimm dir eine Jacke mit«, war alles, was er entgegnete. »Abends kann es kühl werden am Ursprung aller Dinge.«

Langata Gate, stand über dem Eingang in den Nationalpark. Wohin fuhren sie denn nun?, wunderte sich Ava. Als sie die Kontrolle passiert hatten, lenkte Mats seinen Wagen vorsichtig über die von Schlaglöchern übersäte Piste. Es war ein schmaler Weg, und die Büsche kratzten am Lack des Wagens, als ob sie nach ihnen greifen wollten. Der Wald bildete einen grünen

Tunnel um sie herum und Nairobi war nach nur einigen Metern vergessen.

Ava sah sich erstaunt um: Was für eine andere Welt! Schon wieder ... Um sie herum wuchsen Akazien, deren Kronen sie an flache Schirme erinnerten, solche, wie sie in Augsburg in den Eiscreme-Bechern steckten. Die Äste anderer Bäume hatten lange Stacheln. Vogelnester hingen dort wie Lampions und kleine Vögel witschten mit surrenden Flügeln ein und aus, immer mit mehr und noch mehr Würmern oder Gräsern im Schnabel. Der Busch um sie herum schien undurchdringlich und fremd.

Plötzlich verlangsamte Mats den Wagen und zeigte hinaus. »Da. Impalas«, flüsterte er und stellte den Motor ab. Ava machte einen langen Hals. Auf einer Lichtung standen grazil drei oder vier Antilopen, die Mats und sie kurz ebenso neugierig musterten, wie sie es taten, ehe sie ihr Leben weiterlebten. Das Gras war nach der Regenzeit fett und grün und reichte ihnen bis an die Kniegelenke. Die Sonne stand tief und warm über dem Himmel, brach mit gleißenden Strahlen durch die Wolken und goss Gold über die Landschaft.

Mats fuhr im Schritttempo weiter. »So verpassen wir nichts«, erklärte er lächelnd. »Zum Entdecken und Sehen muss man sich Zeit nehmen.« Vor ihnen trabte eine Truppe Warzenschweine über die Piste, die Schwänze hoch erhoben. »Das sind die Spießbürger der Steppe«, kommentierte Mats und zwinkerte Ava zu. »Immer zusammen, immer empört.«

Der Wagen rollte weiter. Mats sah so viel, das Ava zunächst

nicht bemerkte. Doch langsam gewöhnten sich ihre Augen an das Grau und das Braun, und sie lernte, darin Leben zu erkennen: Trappen, Vogel Strauße, kleine Herden von Zebras, Giraffen, die an den Schirmakazien nibbelten, Paviane, die mit grellrotem Hintern über die Wege sprangen.

Eine seltsame Ruhe legte sich über sie. Alles, was außerhalb dieser Welt lag, war vergessen. Es war, als befände sie sich in einem Kokon, der sie in seinen Frieden und seine Einmaligkeit einhüllte. Wie unglaublich schön das hier war. Hatte sie wirklich geglaubt, diese so fremde und zauberhafte Welt aus dem Fernsehen zu kennen? Das war unmöglich. Hier so zu sein, Haut an Haut mit dem – wie hatte Mats gesagt? – Ursprung aller Dinge, war umwerfend und unvergesslich. Ja, er hatte recht. So wie hier hatte die Welt sein sollen, war sie gewesen, sollte sie immer sein. In ihrer Brust löste sich etwas – ein Knoten, der noch kurz zog und zerrte, sie dann aber freigab und ihr neue Luft zum Atmen ließ. Niemand konnte das hier sehen und danach noch weiter der gleiche abgestumpfte Mensch sein, entschied sie. Und gleichzeitig konnte ihr niemand mehr diesen einmaligen Moment mit Mats nehmen. Es war, als würde in ihr die Sonne aufgehen. So etwas hatte sie noch nie bei jemanden empfunden.

Ava wollte mehr und mehr sehen und reckte den Hals – das Entdeckerfieber hatte sie gepackt und verdrängte jeden anderen Gedanken und jede andere Erinnerung an den gestrigen Abend und den Morgen in Kibera. Als sie schließlich auf die Uhr sah, waren beinahe zwei Stunden vergangen, einfach so, mit Mats, ohne dass sie es bemerkt hätte. Fünf Uhr. Mit ihm konnte alles verfliegen, begriff sie, auch ihr Schock und ihr Kummer. Geteiltes Leid war wirklich halbes Leid und geteilte Freude war doppelte Freude. Wie machte er das nur?

»Achtung. Augen auf«, Mats hielt den Wagen auf einer Anhöhe an. Der Motor tickte erschöpft in die plötzliche Stille. Mats lehnte sich in seinem Sitz zurück und legte den Arm auf Avas Rückenlehne, berührte sie dabei jedoch nicht. Stattdessen blickte er sie nur stumm an. »Sieh nach draußen«, sagte er leise. Ava setzte sich auf und hielt den Atem an. Sie sah. Nein: *sah*. Als wäre es das erste Mal in ihrem Leben. Es war unglaublich: Der Anblick traf sie voll ins Herz.

Vor ihnen rollte eine schier endlose Ebene auf den Horizont zu, an dem sich unwirklich die in der Sonne glitzernden Hochhäuser von Nairobi erhoben. Ohne sie, dachte Ava, würde sie denken, sie sei gestorben und im Paradies angekommen. Die Nachmittagssonne warf die Wolken als Schatten auf die Ebene, deren beige und grüne Schattierungen durch kleine Gruppen von Buschwerk und Bäumen unterbrochen wurden. Darüber spannte sich der Himmel, so weit, dass Ava geradezu erstaunt von einem Ende des sich neigenden Horizonts zum anderen blickte: Gab es das, dass der Himmel hier weiter war als an anderen Orten der Erde? Elefanten zogen gemächlich dahin, Staubwolken um ihre schweren Hufe. Herden von Zebras grasten, und Gnus scharten sich um ein Wasserloch, das in der Sonne lockend funkelte.

»Warte mal«, sagte Mats leise und griff nach dem kompakten Fernglas, das er an einem Lederband um seinen Hals hängen hatte.»Ist das etwa...«

»Was?«, fragte Ava. Seine Aufregung steckte sie an.

»Ein Nashorn. Da, auf zehn Uhr...«

Sie kniff die Augen zusammen, sah aber nichts. So geübt waren ihre Augen also doch noch nicht! Er reichte ihr das Fernglas, aber sie konnte noch immer nichts erkennen. *Dilettantin*, dachte sie, ungeduldig mit sich selbst.

Mats wirkte plötzlich ganz aufgeregt.»Lass uns hinfahren. Du hast echt ein Riesenglück. Deine erste Mini-Safari und dann siehst du gleich ein Nashorn!«

Er ließ den Motor an und rollte langsam die Anhöhe hinunter – dem großen grauen Klumpen entgegen, den Ava nun auch endlich in der Ferne entdeckt hatte. Je näher sie kamen, umso mehr Form nahm er an – Form und Leben. Ava hielt erneut den Atem an: Das Nashorn wirkte wie ein Wesen aus der Urzeit, riesig, gepanzert, wehrhaft. Jetzt hob das mächtige Tier den Kopf, musterte Mats' verbeulten Land Rover kurz und nachdenklich und graste dann friedlich weiter. Ava sah seinen starken Leib vibrieren. Sein Panzer hob und senkte sich. Wie fühlte sich wohl die Haut eines Nashorns an?

»Es gibt davon nur noch so wenige«, flüsterte Mats, während er das Nashorn ebenfalls ehrfürchtig betrachtete.»Die Wilderei hat wieder sehr zugenommen. In China glaubt man noch immer, dass geriebenes Rhino-Horn die Potenz fördert. Bald sind sie in der freien Wildbahn ausgestorben. Heute siehst du sie noch, morgen nicht mehr. Einfach entsetzlich.« Ava wurde die Kehle eng. Sie hatte bisher nicht begriffen, was *Aussterben* bedeutete. Weg. Aus. Für immer.

Das Nashorn weidete noch ein wenig mit seinem stumpfen Maul, ehe es sich gemächlich von ihnen entfernte und im dichten Busch verschwand. Sie hörten es noch knacken und knirschen, die Äste bogen sich, dann herrschte Stille.

Mats und Ava saßen einen Moment lang still nebeneinander. Dann fuhr er langsam an und folgte schließlich dem Schild, auf dem Ava wieder *Langata Gate Exit* las. Sie sank in ihrem Sitz zusammen, erfüllt von der Wucht der Eindrücke. Sie wollte den Zauber der vergangenen zwei Stunden festhalten, er sollte bleiben, für immer unvergesslich. Sie seufzte leise und bemerkte, dass Mats ihr einen kleinen Seitenblick zuwarf, aber ebenfalls schwieg.

Sie konnte nichts sagen, auch wenn sie es gewollt hätte. Der Hals war ihr zu eng und das Herz zu weit, um ihre Gedanken in Worte zu fassen. Später. Vielleicht. Mats ließ sie einfach sein, dort neben ihm, und sie war ihm dankbar dafür. Er *wusste*, wie es ihr ging, so viel war klar.

Als sie das *Langata Gate* erreichten, begegnete ihnen ein anderes Auto. Mats ließ sein Fenster herunter und der Fahrer des anderen Autos tat dasselbe.

»Wir haben ein Rhino nahe der Picknickstelle gesehen. Wenn Sie Glück haben, kommt es noch einmal«, sagte Mats.

Der Mann sah Mats ausdruckslos an, ehe er mit breitem amerikanischem Akzent fragte: »*Rhinos? How many?*«

»Ein Dutzend natürlich, Vollidiot«, murmelte Mats, als er

das Fenster hochgelassen hatte, und Ava musste plötzlich so lachen, dass ihr die Seite schmerzte. Alles in ihr wurde mit einem Mal leicht.

Mats lachte mit, aber dann beobachtete er sie nur und sagte: »Ich mag es viel lieber, wenn du lachst, als wenn du traurig bist.«

Ava wischte sich die Augen. »Ich auch«, sagte sie mit plötzlichem Ernst.

»Hast du heute noch was vor?«, fragte Mats.

»Nein. Wieso?«

Er lächelte verschmitzt und sie bemerkte die Grübchen auf seinen Wangen. »Ich möchte dich gerne zum Aperitif zu mir nach Karen einladen.«

Ava zögerte kurz. Ihr Herz schlug plötzlich schneller. Was war das jetzt? Die Einladung zur Safari konnte man noch unter seiner Verantwortung für sie als Praktikantin verbuchen – schließlich wollte er nicht, dass sie sich deprimiert in ihrem Hostel-Zimmer etwas antat.

Aber das hier klang anders.

Irgendwie *ganz* anders – wunderbar anders. Hatte sie darauf nicht die ganze vergangene Woche gewartet? Ava spürte, wie die altbekannte Röte über ihren Hals in ihre Wangen kroch. Überall in ihr schien es auf einmal zu kribbeln.

Mats wartete geduldig auf ihre Antwort. Das kleine Lächeln saß dabei noch immer in seinen Mundwinkeln. Es gefiel Ava.

»Gerne«, sagte sie schließlich.

Er lenkte den Wagen Richtung Karen, anstatt stadteinwärts

zu fahren. Als sie in die stille grüne Windy Ridge einbogen, begann die Sonne gerade, sich gen Horizont zu senken und das Land zum Glühen zu bringen. »Wir kommen genau richtig«, sagte Mats, als er den Motor ausstellte und der junge *Askari* das Tor hinter ihnen verriegelt hatte.

»Weshalb?«

»Hier in Kenia heißt der Aperitif *Sundowner*. Weil nach Sonnenuntergang jeglicher Unsinn erlaubt ist, vorher aber nicht. Das ist noch aus kolonialen Tagen übrig, als man Gin literweise zur Vorbeugung gegen Malaria trank.« Er zwinkerte ihr zu. »Und dann auch noch literweise als Medizin, wenn man sich doch ansteckte! Viele Leute hier hatten mehr Gin als Blut in den Adern.«

Jeglicher Unsinn. Ava musste an den Abend in den Ngong Dairys denken.

»Alles klar?«

Konnte Mats Gedanken lesen? Es war nicht das erste Mal, dass sie diesen Eindruck hatte! Sie nickte rasch. »Hm. Ja.«

»Willst du mir noch was erzählen?«, fragte er vorsichtig. Er stieg noch nicht aus, obwohl seine Tür offen stand und Solo schon japsend mit den Vorderpfoten auf dem Trittbrett wartete. Mats' Arm lag wieder auf ihrer Rückenlehne, berührte sie aber immer noch nicht. Dabei erinnerte Ava sich an den Druck seiner Arme und an seine breite starke Brust, als sie zuvor im Flora Hostel hatte weinen müssen. Es hatte sich schon angefühlt, warm und beschützt, und trotz aller Traurigkeit hatte sie sich auch einfach gern an ihn geschmiegt. Was sie nun aber am meisten berührte, war sein Blick: tief, still und verständnisvoll.

Sie atmete tief durch. »Vielleicht später, okay?«

»Gut. Vielleicht später«, sagte Mats, lächelte, stieg aus und öffnete ihr die Tür.

Ava wollte auf das Haus zugehen, aber er hielt sie zurück.

»Nein. Wir sind dort drüben«, lachte er.

»Wo?« Sie drehte sich erstaunt um.

»Dort.«

Er zeigte zum Garten, hin zu dem riesigen Affenbrotbaum, in dessen Schatten sie sonst saßen und arbeiteten. »Aber …«, begann sie verständnislos. Die Krone des Baumes zeichnete sich gewaltig und dunkel vor dem Abendhimmel ab, doch zwischen seinen Zweigen leuchteten hier und da Lichter in die Dämmerung, als stünden Laternen auf einer Plattform. Waren das erste Sterne, die hinter dem Baum hervorsahen? Nein, dafür war das Laub des Baumes zu dicht. Außerdem: An seinem Stamm hing eine Strickleiter, die Ava vorher nie aufgefallen war. Mats stand hinter ihr und hatte seine Hände auf ihre Schultern gelegt. Sie spürte seinen warmen festen Griff bis auf ihre Haut und ihre Knie zitterten. Konnte sie noch laufen?

Mats lehnte sich vor und flüsterte ihr ins Ohr: »Du hast dich gewundert, weshalb ich dort oben in dem Baum noch nie ein Baumhaus gebaut habe. Also war ich die letzten beiden Tage gut beschäftigt.«

»Oh«, sagte Ava nur. »Oh. Das ist unglaublich …« Mehr

konnte sie nicht sagen, aber sie lehnte sich zurück und schmiegte sich nun an Mats, der noch immer hinter ihr stand.

»Komm. Das Tonic steht kühl und der Gin ist schon oben. *Sundowner!*«

Ava saß mit gekreuzten Beinen auf den großen Kissen aus verblasstem, geblümtem Chintz, die sonst auf Mats' Sofa gehörten und die er ins Baumhaus geschleppt hatte. Es war einfach großartig: Sie fühlte sich wie die natürliche Tochter von Scheherazade und dem kleinen Muck! Ava sah sich um: Das Baumhaus war zwar nicht mehr als eine große Plattform von vielleicht zwei mal zwei Metern mit einem Rand, damit man nicht hintenüber auf den Rasen fiel. Aber es befand sich an die drei Meter über dem Boden, dort, wo die starken Äste des Baumes bis in den Himmel griffen. Sie schwebten hier oben, fern von allem und umgeben von einem Wall aus dichten grünen Blättern. Mats hatte eine eigene Welt für sie beide gebaut! Gab es etwas Wundervolleres?

Mats hatte einen alten Teppich ausgerollt, dessen weichen Plüsch Ava unter ihren nackten Füßen spürte. In jeder Ecke stand eine Gaslaterne, die leise zischend brannte. Ab und zu flogen Termiten und Motten gegen ihre Scheiben und verglühten sofort in winzigen Flammen. Beim ersten Mal zuckte Ava noch zusammen und Mats musste lachen.

»Früher, als Kinder, haben wir beim Zelten im Norden des Landes oder in einem Park die verbrannten Termiten geknabbert. Als Vorspeise sozusagen«, erklärte er. »Aber dir wollte ich etwas Besseres anbieten!« Auf einem niedrigen Tisch standen neben den *Sundownern* Nüsse und Chips.

Ava sah sich stumm um. All dies war wunderschön. Wie im Film. Nein. Falsch. Noch viel, viel schöner. So was ließ sich nicht erfinden. Nur das echte Leben konnte es bieten. Ein Leben, groß und bunt, wie sie es wollte! Ein Leben, das es hier gab, mit Mats, in Nairobi.

»Wie fühlst du dich?«, fragte er leise, als er ihr Glas mit Tonic auffüllte und zwei Eiswürfel dazugab. Sie merkte, dass er sie dabei nicht aus den Augen ließ. Dennoch, sein Blick war nicht lauernd, sondern suchend, forschend, fragend. Er wollte ergründen, ob sie sich wohlfühlte.

»Fantastisch! Wie eine Prinzessin!«, seufzte sie und ließ sich tiefer in die großen Kissen sinken. Sie verschränkte die Arme unter dem Kopf und sah hinauf in die Blätter, zwischen denen die ersten Sterne zu leuchten begannen. »Ich glaube, so etwas hat noch nie jemand für mich gemacht. Einfach so ein Baumhaus gebaut!«

»Dann kennst du die falschen Leute! «, sagte Mats. »Du hast königliche Behandlung verdient.« Er zwinkerte ihr zu und hob dann sein Glas. »Chin-chin.«

Draußen vor der Plattform und den Zweigen, die so stark wie ein Männerleib waren, fiel nun die Dunkelheit so plötzlich und endgültig wie ein Vorhang. Zikaden setzten mit ihrem Gesang an.

»Ich mag die Zikaden. Wenn ich sie höre, will ich nirgends anders sein als hier«, sagte Ava.

»Sie sind die Jagdhunde der Sterne. So heißt es zumindest bei den Massai.«

Ava lauschte in das millionenfache Gezirpe. In den Büschen des Gartens knackte es: Affen, die versuchten, in Mats' Gemüsegarten einzubrechen und sich dort gütlich zu tun. Mats streckte sich neben ihr auf den Kissen aus. Dann stützte er sich auf einen Ellenbogen und stellte sein Glas ab. Seine Stimme klang rau, als er sagte: »Und jetzt erzähl mir alles, okay? Von den Ngong Dairys bis zum Marzipan-Dolce für Kumi. Ich will wissen, was dich so aufgewühlt hat. Lass nichts aus.«

Seine Finger strichen kurz über ihr Haar, leicht wie ein Windhauch. Ava bekam Gänsehaut, obwohl alles in ihr nach dieser Berührung brannte. Alle Spannung in ihr löste sich und sie fühlte sich so gelassen wie selten zuvor – sie spürte, mit Mats konnte sie einfach *sein*, ohne sich verstellen zu müssen. Sie sprach, und seine Art, ihr zuzuhören, war einmalig. Als fielen die Worte genau an den richtigen Ort.

Als sie zu Ende erzählt hatte, schüttelte Mats den Kopf. »Was für ein Wochenende!«

»Ja«, sagte Ava leise und trank einen Schluck. »Himmelhoch jauchzend und zu Tode betrübt. Ist das Kenia?«

Er nickte und sie sah ihn an.

»Aber am schönsten ist es hier, Mats. Ich genieße das sehr. Und dass du dir die Mühe gemacht hast, einfach so ein Baumhaus zu bauen ...« Sie wandte ihm den Kopf zu. Er war ihr so nah. Nicht nah genug, entschied Ava, rührte sich aber nicht. Sie genoss die Spannung zwischen ihnen.

»Na ja, *einfach so* habe ich das nicht geschafft.« Mats hielt seine Handflächen hoch, auf denen sie trotz der Dämmerung einige große rote Blasen entdecken konnte. »Bis ich mich Zimmermann nennen kann, vergehen noch ein paar Jahre. Und wie schnell man vom Schrauben Wunden bekommt, ist irre.«

Ava konnte nicht anders: Sie nahm seine Hand in die ihre und strich flüchtig über die Blasen, dort, wo sich die Linien tief und lang kreuzten. Dann hielt sie seine Hand noch einen Augenblick lang fest, einfach so. Ihre Finger wanden sich um die seinen und es fühlte sich richtig an und nicht anders. Einfach nur richtig.

»Ava …«, begann Mats und musste sich dann räuspern. Er rückte, wenn das überhaupt möglich war, noch näher. Ava spürte ihn nun mit jeder Faser ihres Körpers. Ihr Atem ging flach. Geschah dies wirklich? Was, wenn er sie jetzt küsste? Sie hatte schon so lange niemanden mehr geküsst! Wenn sie sich jetzt dumm dabei anstellte? Sein Mund war so schön und voll und seine Lippen so weich … Ava hatte das Gefühl, schon bei dem Gedanken an das, was möglich war, zu zerfließen.

Sein Blick tauchte in den ihren. Eine leichte Brise ließ die Kerzen in den Windlichtern flackern und Ava schauerte leicht. Jetzt, jetzt, jetzt … schlug ihr Herz. Wie war all das gekommen? Vielleicht hatte es schon am Flughafen angefangen, als er in zerfetzter Jeans und Flip-Flops auf sie zugekommen war. Mats legte seine Finger sanft um die ihren, zog ihre Hand an seine Brust und hielt sie dort umfangen. Sie spürte seinen Herzschlag und er pulsierte in sie hinein.

»Küss mich«, flüsterte sie.

Ava spürte seinen warmen Atem auf ihrer Haut, als er sich die letzten Zentimeter zu ihr beugte. Und dann legten sich seine Lippen auf ihre. Ava verging fast unter der zart tastenden Berührung. Wie hatte sie vergessen können, wie wunderbar sich das anfühlte? Hatte sie überhaupt je so empfunden? Nein! Seine Lippen streiften über die ihren, um sie ganz langsam zu erforschen. Avas Sinne konzentrierten sich ganz auf das Hier und Jetzt, zusammen mit *ihm*. Ihr Herzschlag war dem seinen so nahe. Jedes Mal wenn seine Lippen ihre sanft berührten, sie kosteten, war es wie eine kleine Explosion in ihrem Inneren.

Alles schmolz in ihr und festigte sich doch in einem Guss; dennoch, Mats ließ sich Zeit, da war keine Hast und kein Drängen. Ava spürte, wie er sie genoss – und sie ihn wieder. Ihr Mund traf nun den seinen, sie kam ihm nun stärker entgegen, ihr Mund öffnete sich unter dem sanften Druck seiner Lippen. Alles in ihr wurde nachgiebig, wie Ton in der Hand eines Künstlers. Langsam, ganz langsam, unter dem zunehmenden Sternenlicht der Milchstraße hoch über dem Äquator verschmolzen ihre Lippen ganz und sie spürte seine Zunge sanft in ihren Mund kommen. Bei Mogens hatte sie das eher eklig gefunden, doch hier, in diesen Kissen und unter diesem Himmel, zusammen mit Mats, erreichte sie den Siedepunkt. Der drängender werdende Kuss war nun wie ein Botenstoff, der alle Nervenenden in ihrem Körper erbeben ließ. Mats rückte nun auf den Kissen näher, noch näher, nahm Avas Kopf in seine Hände und sah sie an. Er lächelte, sein unglaublich zauberhaft charmantes Grübchen-Lächeln. Ihr Blick blieb an seinen schönen, fein gezeichneten Lippen hängen. Bitte, er sollte sie wieder küssen. Die Zeit tropfte und stand dann still, verwob sich, zart wie ein Spinnennetz. Ava verfing sich in dem Zauber.

»Küss mich noch einmal«, flüsterte sie, mutig und ängstlich zugleich.

»Wieder. Und wieder, wieder, wieder ...«

Der Wald der weißen Blumen

»Tanu!«, sagte Ava und breitete nur die Arme aus, als Tanu vor Beginn des Workshops in das leere Klassenzimmer kam. Sie konnte nicht anders: Es war die einzige Geste, die nach ihrem Besuch in der Hütte vergangenes Wochenende möglich war. Seitdem hatte sie die Freundin nicht mehr gesehen.

»Ava«, flüsterte Tanu und presste sich an sie. Ava bemerkte die dunklen Schatten unter den Augen der Freundin und wie grau ihre sonst so leuchtende Haut wirkte. Ihr zog es das Herz zusammen.

Wie ging das Leben in Tanus Hütte mit Kumis Leiden weiter. Einfach so?

»Es tut mir leid, dass ich einfach so hereingeplatzt bin …«

Tanu aber schüttelte den Kopf. »Nein, nein. Das ist schon okay, Ava. Es hat – uns geholfen, uns allen.«

»Wirklich?«, fragte Ava unsicher.

»Wirklich. Zu wissen, dass man nicht allein ist in einer solchen Lage. Deshalb schenkt Gott uns Freunde.«

Tanus Augen füllten sich mit Tränen und Ava legte ihr die Hände auf die Schultern.

»Es ist gut, dass du so fest glauben kannst, Tanu.«

»Tust du das etwa nicht?«

Ava zögerte. Wie erstaunt Tanus Stimme klang! *Tust du das etwa nicht?* Sicher, sie war getauft und konfirmiert. Aber seitdem war sie in keiner Kirche mehr gewesen. Nur hatte das denn wirklich was mit Tanus Frage zu tun?

»Ich habe Mitleid mit Menschen, die an nichts glauben«, sagte Tanu. »Bitte. Bitte tu es für mich.«

»Okay«, sagte Ava schlicht. »Wie kannst du so stark sein?«

Tanu schüttelte den Kopf. »Ich bin überhaupt nicht stark. Aber in Kibera sind Leiden und Tod deine Nachbarn. Wir begegnen ihnen ständig. Man kann nur versuchen, mit ihm umzugehen.«

»Wie das?«

Tanu lächelte traurig. »Indem man zu ihm sagt: nicht ich. Nicht meine Familie. Nicht heute, mein Freund.«

»Eine gute Geschichte ist wie eine Pflanze. Ihr müsst euch das so vorstellen wie den Kern einer Frucht, die ihr gegessen habt und den ihr ausspuckt.«

Ava ließ ihren Blick von Owen Cable, dem Schriftsteller, der mehr denn je beim Sprechen einer Schildkröte glich, hin zu den Kindern gleiten, die an dem *Storytelling-Workshop* teilnehmen konnten. Sie sahen ihn vollkommen verständnislos an. Owen bemerkte wohl auch das Erstaunen seiner Zuhörer, er rutschte auf seinem Stuhl herum, als ob es ihn am Hintern juckte, und sprach lauter: »Der Kern fällt auf die Erde. Es regnet. Die Sonne scheint. Der Kern regt sich und zwei, drei Keime schießen aus ihm hervor. Diese wachsen nach oben, dem Licht entgegen, wo sie sich emporranken und stark werden. Der Kern wird zu einer Pflanze: einem Busch oder einem Baum.«

Nun nickten die Kinder. Eines hob fragend die Hand. »Wo finden wir denn die Kerne für unsere Geschichten? In einer *Duka*?«

»Was ist denn eine *Duka*?«, fragte Owen.

»Ein Geschäft«, warf Mats ein.

»Wenn ich eine Frucht esse, dann spucke ich nichts aus. Oder nur sehr wenig, und das erst, wenn es wirklich notwendig ist«, sagte John, der wieder an dem Workshop teilnahm. Ava wandte ihm ihre Aufmerksamkeit zu: Seit dem Abend vor einer Woche, als er ihr in der Dunkelheit zu James Cecils Wagen gefolgt war, hatte Ava ihn kaum gesehen. Oder war er doch immer da gewesen und sie hatte ihn nur nicht bemerkt? Zugegeben, seit dem Abend mit Mats im Baumhaus sah sie Nairobi mit anderen Augen oder sah es eben vielleicht gerade nicht. Sie schwebte auf einer rosaroten Wolke durchs Flora Hostel.

John kauerte auf dem Schulboden. *Wenn ich nicht wollte, dass du mich bemerkst, hättest du mich nicht bemerkt.* Wo hatte er gelernt, sich trotz seiner Körpergröße und seines leichten Hinkens auf diese lautlose Art zu bewegen? Wo, so zu lauern? Wo, so zu springen, zum Angriff bereit?

Auch Owen rückte sich verwirrt die Brille zurecht, doch alle Kinder hatten nun etwas zu sagen.

»Ich esse, wenn, dann eine Banane. Hat eine Banane auch Kerne?«

»Klar, wie sollen sonst neue Bananen wachsen?«

»Hast du schon mal versucht, die Kerne einer Banane aus dem Fleisch zu pulen?«

»Ha! Wenn du das machst, dann bleibt nichts mehr zu essen übrig, und willst du das?«

»Nein. Ich esse sie lieber ganz. Mit Kernen. Vielleicht wächst dann in meinem Bauch eine Geschichte?!«

Die Stimmen gingen durcheinander, und Owen rutschte nun so wild auf seinem Hocker hin und her, dass seine Hose gleich Feuer fangen musste. Ava verbiss sich ein Lachen.

»Dann denkt doch an eine Frucht mit einem richtigen Kern. So wie ein Apfel oder ein Pfirsich.«

Die Kinder starrten ihn an, als hätte er vollkommen den Verstand verloren.

»Ein – was?«, murmelte ein Junge.

Ava unterdrückte ein Grinsen. So war das, wenn man mit der Wahrheit von Kibera in Kontakt kam.

Ihr Blick traf den von Mats. Ava wurde warm. Auch er musste über Owens Bemühungen grinsen und zwinkerte ihr zu, kam ihm dann aber zu Hilfe. Schließlich sollte der Workshop ein Erfolg werden.

»Okay. Was Owen sagen will, ist, dass etwas sehr Kleines genügt, um eine große Geschichte zu schreiben. Es kann was ganz Alltägliches sein – zum Beispiel, wie ihr am Morgen mit eurer kleinen Schwester zum Wasserholen geht – oder doch etwas Außergewöhnliches.«

»Wie was zum Beispiel?«, fragte ein Kind.

»Hm. Zum Beispiel, dass der Zug von Nairobi nach Kisumu pünktlich abfährt?!«, sagte Mats und alle lachten.

Das Gelächter erfüllte den Raum und vertrieb das Unverständnis und alle Unsicherheit. Was blieb, war Neugierde und Lust an der Aufgabe. Dieser Mut, immer lachen zu können, dachte Ava. Nein, mehr als das: diese Erleichterung darüber, lachen zu können. Die Kinder ließen keine Gelegenheit dazu aus.

Owen nickte Mats dankbar zu und übernahm wieder. »Nein. Im Ernst. Mats hat ganz recht. Denkt euch etwas aus. Etwas Kleines, das wächst. Und dann müsst ihr euch natürlich überlegen, in welcher Erde euer Kern wächst. In welcher Umgebung, in welchem Rahmen. All das solltet ihr wissen, bevor ihr anfangt zu schreiben. Dann gelingt die Geschichte am besten.«

Die Kinder nickten. Einige flüsterten miteinander, andere wirkten schon, als würden sie über ihre Geschichte nachdenken.

Ava sah von einem kleinen Gesicht zum anderen, ehe ihr Blick wieder an Johns verschlossenem Ausdruck hängen blieb. John, der die Knie angezogen hatte und der dumpf auf die Erde vor sich blickte. Seine Hände hatte er zwischen die Knie gesteckt. Alles an ihm wirkte bockig, ablehnend.

Ava biss sich auf die Lippen. Weshalb bestanden Tanu und Mats darauf, ihn immer zu den Workshops einzuladen? Es gab so viele Kinder, die einen Arm und ein Bein dafür gegeben hätten, hier zu sein. Und doch war es jedes Mal John. Er schien ihren Blick zu spüren und sah auf. Die Feindseligkeit in seinen Augen nahm ihr den Atem. War das derselbe Junge, der ihr gefolgt war und der sie *so schön* gefunden hatte? Hier nun starrte er sie mit allem Hass der Welt in seinem Blick nieder. Wie konnte man so unberechenbar sein? Ava wurde heiß und sie senkte die Augen.

Mats klatschte in die Hände. »Lasst uns anfangen. Jeder hat ein Blatt Papier. Darauf könnt ihr den Anfang eurer Geschichte schreiben. Den Kern und seine Erde, okay?«

Die Kinder verteilten sich an die Schulbänke und nahmen die Stifte auf. Ava kannte den Schrecken, den ein leeres weißes Blatt Papier in einem auslösen konnte. Sie erinnerte sich gut an die Schulaufgaben, Aufsätze und Prüfungen, die sie allesamt meist in den Sand gesetzt hatte. Dieses verflixte erste Wort, das man schreiben musste. Und wie ging es dann nur weiter?

»Wie sollen wir denn anfangen?«, fragte ein Mädchen.

Owen überlegte kurz. »Also, wenn dir gar nichts anderes einfällt: Märchen beginnen meist mit *es war einmal*. Aber das bitte nur, wenn dir wirklich gar nichts anderes einfällt.«

Ava blickte sich erneut im Raum um. Die meisten Kinder brüteten noch immer über ihrem leeren Blatt. Einer der wenigen, der diese Ladehemmung nicht zu haben schien, war zu ihrem Erstaunen John. Kaum saß er, knabberte er nur für ein paar Sekunden an seinem Bleistift und schrieb dann in Druckbuchstaben, soweit sie das aus der Entfernung beurteilen konnte. Über das Klassenzimmer legte sich eine stumme Wolke der

Konzentration. Owen trat neben Ava, während Mats mit Tanu vor die Tür ging.

»Schreiben ist Freiheit«, flüsterte er und seine Augen leuchteten dabei hinter seiner dicken Brille. »Und selbst wenn sie daheim keine Stifte und kein Papier haben, so ist schon das Nachdenken über eine Geschichte Freiheit. Es führt sie in eine Welt, in der sie sein wollen ...«

Plötzlich war er Ava sympathischer. Er wirkte nicht mehr wie eine Schildkröte mit Polyesterhosen, sondern verstand ganz offensichtlich sehr viel mehr, als sie vermutet hatte. *Farbe zum Mut* hatte eine gute Wahl getroffen – oder eben Mats, dachte sie stolz.

Es war Mittagspause. Die Kinder saßen draußen auf dem Schulhof im Schatten eines großen Baumes, aßen die Butterbrote und tranken den heißen süßen Tee, den Mats und Tanu austeilten. Viele von ihnen schwatzten miteinander und verglichen, was sie geschrieben hatten. Manche Ideen waren so überraschend, dass sie nicht erfunden sein konnten: Ein Junge wollte seine kleine Schwester von dem Einfluss einer bösen Zauberin befreien und begann, ihr immer die Hütte sauber zu machen. So fand er ein Mittel, um seine Schwester zu befreien. Ein Mädchen schrieb von einem Krieg der Banden um das frische Wasser im Slum. Es ging darum, wer welchen Brunnen kontrollierte und wie sie einen zahmen Affen dazu abrichtete, neue Quellen zu finden – die größte und reinste, direkt unter ihrem Haus. Alle hörten zu, redeten, aßen und lachten.

Nur John saß etwas von den anderen entfernt und zeichnete mit einem Stock Kreise in den Staub. Als Ava jedoch zu ihm hinsah, legte er das Holz weg und faltete seine Hände rasch hinter dem Rücken.

Schließlich war der Workshop zu Ende und alle Kinder waren gegangen: Auch John musste schon das *Matatu* zurück in die 5th Ngong Avenue genommen haben. Tanu wusch die Tassen und Teller in einer Schale mit Seifenwasser ab. Owen prüfte sein Handy auf neue E-Mails, während Ava die Geschichten, die mit Namen versehen auf den Pulten lagen, einsammelte. Vieles war ausradiert, durchgestrichen und wieder darübergeschrieben worden. Nach dem Anfang, den sie vor dem Mittagessen hatten schreiben sollen, hatten sie am Nachmittag eine ganze kleine Geschichte erfunden, mit Einleitung, Hauptteil mit Höhepunkt und Schluss. Zum Abschluss hatten ein paar Kinder ihre Geschichten freiwillig vorlesen dürfen.

Mats trat zu Ava und fragte: »Na, alles klar? Bereit zur Korrektur, Fräulein?« Er zog sie kurz an sich, aber ließ sie dann auch wieder los. Es versetzte Ava einen kleinen Stich. Die Wärme und die Freude waren noch immer da, aber er hielt sie irgendwie auf Abstand. Weshalb? Hatte er die Augenblicke im Baumhaus nicht so schön gefunden wie sie? Klar hatte er mit der Vorbereitung des Workshops und mit Owen, der bei ihm wohnte, jede Menge zu tun. Dennoch: Ava biss sich auf die Lippen. Mochte er sie? Mochte er sie nicht? Spielte er ein Spiel? Oder war er sich seiner Gefühle nicht sicher?

Mats zupfte sie nun am Pferdeschwanz. »Schön, dass du da bist«, sagte er leise. »Hat es dir heute Spaß gemacht?«

Ava blühte auf.

»Ja. Sehr. Jetzt bin ich gespannt, was sie so geschrieben haben.«

»Das können wir auch sein. Das hier ist keine Tinte und kein Bleistift.« Er tippte auf den Stapel Papier in Avas Hand. »Das ist mit Herzblut geschrieben.« Er sah auf seine Uhr. »Vier Uhr. Wir haben noch eine Stunde, bis wir zusammenpacken müssen, damit wir vor Sonnenuntergang aus Kibera draußen sind. Willst du gleich anfangen zu lesen?«

»Warum nicht?«

»Viel Spaß!« Er lächelte sie an und strich ihr dabei kurz über den Arm. Ava spürte die Berührung durch und durch. Am liebsten hätte sie sich sofort wieder an ihn geschmiegt.

Stattdessen griff sie nach der großen Thermoskanne und goss sich eine Tasse Tee ein. Mittlerweile hatte sie sich an die milchige, zuckrige Mischung gewöhnt und brauchte sie sogar richtig, ehe sie an einem Nachmittag in Nairobi irgendetwas zustande bringen konnte. Sie sah die Geschichten durch, las die Namen und versuchte, jedem ein kleines Gesicht zuzuordnen. Sarah, Schola, Echlastica, Mary, Beyoncé, David, Lukas ... und: John. Sie blickte rasch auf, wie um ganz sicher zu gehen, dass er nicht mehr da war.

Da und bereit, sie anzuspringen und ihr das Papier aus den Händen zu reißen.

Dann sah sie wieder auf seine peinlich genauen, sauber gesetzten Druckbuchstaben. John hatte nichts ausradiert, nichts ausgestrichen, kein zweites Mal angesetzt. Alles war gleich so gekommen, wie sie es dort sah. Druckfertig, sozusagen. Sie trank den letzten Schluck Tee und begann zu lesen.

»Es war einmal ein Dorf, das lag mitten in einem grünen Wald. Es war ein kleines Dorf mit nur zehn Hütten. In jeder Hütte wohnte eine Familie, doch irgendwie waren alle Familien eine Familie und alle Hütten eine Hütte. Sie aßen miteinander und spielten miteinander. Die Menschen waren Bruder und Schwester – alle. Sie spielten mit den Lianen, die von den Bäumen hingen: An ihnen schwangen sie sich durch den Wald, nicht anders als die Affen, bis hin zum Fluss, der langsam und träge dahinfloss und in der Sonne glitzerte. Der Wald war tief und seine Bäume so hoch, dass man die große, heiße Sonne oft nicht sehen konnte. Dann war der Wald wie eine zweite Hütte über den Hütten, mit einem weichen grünen Dach und einem weichen grünen Boden. Der Wald beschützte alle. Er war voller Tiere und Pflanzen, an denen Blumen blühten. Weiße Blumen. Daher hatte der Wald auch seinen Namen: Der Wald der weißen Blumen ...«

Auf Avas nackten Armen bildete sich eine leichte Gänsehaut. Die Worte ließen sie an Kurzgeschichten von Stephen King denken, die so friedlich und harmlos begannen, ehe sie sich in absolutem Terror auflösten. Sie zwang sich weiterzulesen. Denn Johns Geschichte entwickelte schon nach diesen wenigen Worten einen Sog, dem sie sich nicht widersetzen konnte.

In dem Dorf im Wald der weißen Blumen gab es kein Geld. Es gab auch keinen Hass oder Neid oder Gewalt. Jeder half dem anderen und das war genug. Was es auch in dem Dorf gab, waren Kinder.

Hier, bei dem Wort Kinder – children – hatte John den Stift so fest aufgedrückt, dass es sich dunkel und dick gegen den Rest der Geschichte abzeichnete.

Viele Kinder. Jede Hütte in dem Dorf hatte bestimmt fünf oder sechs von ihnen. Jede Familie liebte ihre Kinder und ließ sie frei laufen, denn das tut man, wenn man Kinder liebt. Es waren so viele Kinder, die so frei waren, dass ihre Mütter oft erst beim Zubettbringen merkten, wenn eines von ihnen fehlte. Die Tage vergingen friedlich, wie der Lauf des glitzernden Flusses, der den Wald der weißen Blumen teilte. Nur in Freiheit werden Kinder groß und stark. Groß und stark genug, um ihren Weg auch aus dem Wald der weißen Blumen herauszufinden. Wenn sie das eines Tages gewollt hätten. Aber damals wollte das keiner. Nein, damals noch nicht.

Ava sah sich um. Sie war allein in dem Schulzimmer. Die Uhr tickte. Sie senkte den Kopf wieder über Johns Geschichte.

Eines Tages aber ging ein kleines Mädchen in den Wald und kam nicht wieder. Die Hütten bemerkten erst am Abend, dass es fehlte. Wo konnte es sein? Das Mädchen kannte den Wald der weißen Blumen in- und auswendig. Das Dorf wartete die ganze Nacht. Aber das Kind kam nicht wieder. Aus dem Wald der weißen Blumen jedoch hörten sie Geräusche wie nie zuvor. Unbeschreiblich entsetzliche Geräusche, die ihnen Angst machten.

Es grollte, es knackte, es knirschte. Am nächsten Morgen suchte man das Kind, aber fand nichts außer einem Fetzen des Tuchs, das es getragen hatte. Er lag am Fuß eines großen Baumes. An ihm wuchsen dieselben Blumen wie überall sonst auch – aber sie waren über Nacht blutrot geworden. Die Farbe triefte geradezu von ihnen. Von da an verschwand jeden Tag ein Kind im Wald und kam nicht wieder, manchmal auch zwei. Und wann immer man sie suchen ging, wurden an ihrer Stelle nur riesige, blutrote Blumen gefunden, die wucherten und alles überwuchsen. Und jede Nacht kamen die Geräusche aus dem Wald: als ob Knochen splitterten und ein Fluss aus Blut in seiner Mitte entsprang.

Der Wald aber konnte nicht mehr atmen. Er versank unter den blutroten Blumen, die sich wie Schlingpflanzen durch ihn wanden und auf das Dorf zusteuerten. Als ihre Stängel und Blätter sich schließlich auch in die Gassen und auf die Plätze geschoben hatten, waren im Dorf nur noch ein Junge und seine kleine Schwester übrig. Die Blumen wanderten auf sie zu, drohend wie eine Wand. Der Junge versuchte, seine kleine Schwester vor den Blumen zu verteidigen, doch es war umsonst. Sie griffen nach ihr und zogen und zerrten sie in alle Richtungen. Er sah, wie eine der Blumen begann, seine Schwester zu schlucken. Sie zappelte und wehrte sich, doch das machte es nur noch schlimmer. Ein unsichtbarer, böser Sog zog sie tiefer und tiefer in den roten Schlund hinein. Sie litt Höllenqualen. Retten konnte er sie nicht: Ihr war nur noch auf eine Weise zu helfen. Er gab ihr einen Stoß, tief in die klaffende Mitte der Blume hinein. Er hörte das Geräusch, das das Dorf jede Nacht gehört hatte. Er hielt sich die Ohren zu, doch das Knacken, Knirschen und Seufzen zog in seine Seele, wo es mit den roten Blumen Wurzeln schlug.

Dann war seine kleine Schwester verschwunden. Für immer. Genauso blieb die Erinnerung an den Stoß, den er ihr hatte geben müssen, für immer in ihm. Der Stoß war seine Schuld, auch wenn er sie damit hatte retten wollen.

Er lief, so schnell er nur konnte, aus dem Wald, der zum Wald der roten Blumen geworden war. Als er aber an seinem Ziel ankam, das nirgendwo und überall in ihm war, fehlten ihm die Worte, um zu erzählen, was geschehen war. Er schwieg. Vielleicht für immer, während die roten Blumen auch in ihm sprossen – langsam, aber sicher und unausrottbar.

Village People

Habt ihr euch geküsst?, fragte Camille per SMS. *So richtig?*
Ja. So richtig. Aber jetzt hält er Abstand. Bin verzweifelt. Ava.
Immer cool bleiben. Männer sind wie Pasta beim Kochen. Halt ihn fest unter Wasser, wirst schon merken, wenn er gar ist! Xx C

Das war mal wieder typisch Camille! Ava schob schmunzelnd ihr Handy in die Tasche und warf Mats einen verstohlenen Blick zu. Sie saßen in einem Eiscafé im *Nairobi Village Market*. In dem riesigen klimatisierten Shopping-Komplex wimmelte es an diesem Sonntag nur so von Menschen, die mit vielen Tüten oder dem Smartphone in der Hand von Boutique zu Boutique schlenderten. Es war wieder einer dieser Orte, der Kibera unwirklich weit entfernt erscheinen ließ. Doch irgendwie genoss Ava in diesem Augenblick die Atmosphäre der Mall. Es war, als müsse sie in ihrer eigenen Welt kurz Atem schöpfen, um danach wieder in Kenia abtauchen zu können.

Nachdem sie Owen zum Flughafen gebracht hatten, hatte Mats sie hierher eingeladen, und nun saß Ava vor einer großen Schale Spaghetti-Eis. Sie betrachtete die rot-weiße, mit Krokant gekrönte Masse und freute sich schon wie ein Kind auf die gefrorene Sahne in der Mitte. Alles war dann nicht mehr so schlimm. Oder? Doch. Alles war noch genauso schlimm! Sie warf Mats einen weiteren Seitenblick zu. Weshalb tat er jetzt wieder so unverbindlich? Sie hatten sich doch geküsst, oder?! Hatte das nichts zu bedeuten? Oh, weshalb hatten Männer in ihren Köpfen scheinbar emotional ein kurzes gerades Kabel, während Frauen zehn Knoten und hundert Windungen eingebaut hatten?

Ava atmete tief durch. Cool bleiben, flüsterte ihr innerer Ratgeber Camille, aber sie wollte am liebsten explodieren. Spielte er mit ihr? Nein. Nicht Mats. Seine Zurückhaltung musste einen anderen Grund haben. Oder war er sich seiner Gefühle nicht sicher und hatte Angst, eine Beziehung einzugehen?

Die Sonnenstrahlen waren warm und nur wenige Wolken zogen über den weiten, blanken Himmel. Vielleicht war die Regenzeit wirklich schon vorbei. Mats sah von seinem Handy auf und begann nun plötzlich, sanft ihren Handrücken zu streicheln. Ava ließ es geschehen. Sie öffnete die Hand und seine Kuppen strichen über ihre Handfläche. Es fühlte sich wunderschön an. In ihrem Inneren lag sie wieder auf den Kissen im Baumhaus. Mit ihm, so nahe neben ihm.

Nein. Sie durfte sich nicht noch stärker in diese Sache verheddern, als sie es sowieso schon getan hatte. Schnell zog sie ihre Hand zuruck und wechselte das Thema.

»Woher kommt John eigentlich?«, fragte sie wie nebensächlich und schleckte ihren Löffel ab. Mats sah sie überrascht an und zwischen seinen Augenbrauen bildete sich eine steile Falte. »John? Woher er kommt? Warum fragst du?«

Ava zuckte mit den Schultern. »Warum nicht? Ich sehe ihn immerzu im Flora Hostel, wo Sister Elisabeth ihm jede Menge kleiner verantwortungsvoller Aufgaben gibt. Dabei ist er absolut unberechenbar. Dann ist er zu fast jedem Workshop eingeladen. Und ich habe gelesen, was er gestern geschrieben hat.«

Mats schwieg einen Augenblick lang. »Das habe ich auch getan«, sagte er dann nachdenklich.

»Das ist ja wohl auch das Mindeste, Herr Direktor!«, sagte Ava und lachte kurz. Mats klapste ihr auf die Hand und sie streckte ihm die Zunge raus. »Aber im Ernst, Mats. Wie kommt er auf eine solche Geschichte? Sie war – entsetzlich. Ein Wald, der Kinder frisst. Darum ging es doch, oder?«

»Ja. Darum ging es. John kommt aus Uganda. Sein Dorf liegt im Norden des Landes, wo es viele verstreute Rebellen gibt, die alle zu den Armeen eines früheren Offiziers und jetzigen Abtrünnigen gehören. Er heißt Kony. Seine Männer hausen in den Wäldern und sind selbst für modernste Technologie unauffindbar. Sehr viel mehr weiß ich auch nicht über John.«

Ava schauerte. Ihre Gedanken jagten einander. Irgendwie fügte sich all das zu einem Puzzle zusammen, das sie nicht wirklich sehen wollte. »Warum lädst du ihn dann immer ein, an den Workshops teilzunehmen?«, bohrte sie dennoch weiter.

Mats legte sein Handy weg und sah ihr direkt in die Augen.

»Sister Elisabeth hat Tanu darum gebeten, als er vor einem Jahr im Hostel ankam. Und Tanu hat dann mich gefragt. Die genauen Hintergründe kenne ich nicht, ich kann mir nur meinen Teil denken. Sister Elisabeth schweigt sich über die Geschichten ihrer Schäfchen meistens aus – eine Art Beichtgeheimnis. Da hat alles Fragen keinen Sinn.« Mats zuckte mit den Schultern. »Aber ich tue ihr gern den Gefallen, John aufzunehmen.«

Ava dachte kurz an die resolute kleine Frau, die das Flora Hostel mit eiserner Hand leitete – aber mit einer eisernen Hand, die in einem Samthandschuh steckte.

»Hm.« In diesem Augenblick piepte ihr iPhone auf der Tischplatte zweimal.

1 Nachricht James Cecil, stand auf der Anzeige.

Ava zuckte überrascht zusammen und Mats äugte diskret auf das Display. Er erhaschte einen Blick auf den Namen, ehe Ava sich das Telefon schnappen und es unter ihrer Hand verbergen konnte.

»Schreibt der Typ dir immer noch?«, fragte Mats nach einer kleinen Pause unwillig. Die Nähe, die sie eben empfunden hatten, war wieder verflogen. Mist.

»Hm. Ja.« Ava spürte, wie sie rot wurde.

»Und, was schreibt er?« Mats zog ein Knie an und musterte sie kühl.

Ava wurde ganz anders zumute. Sie rief die Nachricht auf. Mats' Eifersucht gefiel ihr. Wenigstens lockte ihn das aus seinem Schneckenhaus! Schließlich hatten sie sich *geküsst*. Und sie war so gern mit ihm zusammen – auch wenn er sie gerade zappeln ließ.

Dabei wusste sie nicht, womit sie das verdient hatte! Ava hob ihr inneres Kinn. Mats war eifersüchtig? Gut so! Seine Finger streichelten mit einem Mal erneut ihren Handrücken, als sie las:

Hi Ava, bin gerade von einem Motorradrennen in der Wüste zurück und hoffe, dass du am WE kommst? Wie vereinbart: Ich schicke dir ein Auto. xx James

»Was schreibt er?«, wiederholte Mats lauernd seine Frage.

Ava sah betont gelassen auf. Dabei schlug ihr das Herz bis zum Hals. »Ach, nichts weiter. Er hat mich nach der Party in den Ngong Dairys für kommendes Wochenende auf seine Farm eingeladen.«

»Ach ja? Und das nennst du nichts weiter? Eine Einladung nach Kilima, auf die Farm der Cecils? Du hast natürlich abgelehnt«, sagte Mats gefährlich ruhig. Avas Herzschlag beschleunigte sich, wenn möglich, noch mehr. Worauf lief das hier hinaus? Sie entschied, ehrlich zu sein. Das war am besten. Vor allen Dingen, da Mats ja auch nicht die Karten auf den Tisch legte. Sie war schließlich nicht sein persönliches Spielzeug! Aber tat Mats das denn, mit ihr spielen? Oder wartete er nur ab und ging die Dinge langsam an? Sie konnte sich darauf keine Antwort geben. Und direkt fragen konnte sie ja wohl kaum. Nichts ließ einen Mann schneller vom Stuhl kippen, als wenn man bierernst sagte: *Du, wir müssen miteinander sprechen!*

»Nein. Nicht direkt«, sagte sie deshalb und schob sich die Sonnenbrille ins Haar.

»Was soll das heißen?«

Ava seufzte. »Das heißt, dass ich zugesagt habe, Mats. Er hat mich eingeladen, bevor ich mit dir im National Park war und bevor ... bevor wir zusammen im Baumhaus waren. Da war das doch normal, dass ich zusage, oder? Ich kenne hier schließlich nicht so viele Leute, und so prickelnd ist es nicht, an einem Samstagnachmittag allein im Flora Hostel zu sitzen!« Ava spürte, wie sie wieder rot geworden war, als sie das Baumhaus erwähnte. Ihre Gefühle für Mats waren *so* stark. Sie schien nur noch aus ihnen zu bestehen. Weshalb benahm er sich so, wie er sich benahm?

»Aha«, sagte Mats flach. »Dann kannst du ja jetzt absagen, oder?«

»Warum sollte ich das denn?«

Er zuckte mit den Schultern und grinste. »Weil ich James Cecil nicht leiden kann.«

»Ach ja? Das kann ich aber von mir nicht behaupten. Gut, die Party, auf die er mich mitgenommen hat, war komplett daneben. Aber er hat sich total korrekt verhalten, Mats.«

»Na, das freut mich ja zu hören«, erwiderte er bissig. »Mal sehen, ob er sich das ganze kommende Wochenende auch so korrekt benimmt. Wenn du allein bei ihm in seinem Haus bist, Ava!«

»Ich kann schon auf mich aufpassen!«

»Sagte die Wurst in der Hundehütte«, entgegnete Mats, ohne mit der Wimper zu zucken.

Ava hätte beinahe laut losgelacht. Was war das denn für ein beknackter Spruch? Schnell zog sie ihre Hand unter der seinen hervor. Er stand total auf der Leitung, erwartete aber von ihr, dass sie auf Abruf für ihn bereit saß und sonst niemanden traf? Willkommen im Mittelalter, oder was? Dennoch, bei dem Gedanken an einen Streit mit Mats wurde ihr unwohl. Also sagte sie möglichst versöhnlich: »Mats. Nun sei doch nicht albern. Ich bin nur für so kurze Zeit hier. Natürlich freue ich mich da über eine Einladung auf seine Farm. Das ist doch eine Seite des Landes, die ich noch gar nicht kenne. Und außerdem macht mich alles, was James Cecil mir erzählt, neugierig. Das gebe ich offen zu.«

Mats leerte seinen Cappuccino mit einem Zug und stellte die Tasse dann hart ab.

»Was denn alles? Seine Familie, sein Titel? Seine Narbe, die er sich beim Paragliding geholt hat? Seine Flugzeuge und seine Motorradrennen in der Wüste, von denen er ständig Bilder postet? Mein Gott, Ava, es ist nicht alles Gold, was glänzt, glaub mir. Sei doch nicht so naiv!«

Ava atmete tief durch. Jetzt nicht aufregen und ehrlich bleiben. Das war schließlich nur fair. »Ja. Okay. Ich gebe es zu. Vielleicht ist es das, was mich anzieht. Es ist eine Welt, die ich nicht kenne. Klingt das jetzt sehr oberflächlich?«

»Ja«, sagte Mats knapp. »Es ist keine gute Welt.«

Langsam platzte Ava der Kragen. »Muss ich das nicht selbst entscheiden?«, fragte sie scharf.

Beide schwiegen trotzig.

»Ich wünschte, ich würde noch rauchen«, knurrte Mats schließlich in die ungemütliche Stille hinein. »Dann könnte ich mich jetzt wenigstens von meinem Ärger ablenken! Diese sanitäre, saubere Welt nervt mich.« Er trommelte mit seinen Fingern auf den Tisch. Ganz leicht nur, *tap tap tap*, doch die Geste verriet seine Anspannung.

Ava wunderte sich immer mehr. Waren es nur seine Gefühle für sie, die ihn so reagieren ließen, oder schwelte da noch eine alte Rivalität zu James Cecil mit? Ein Kampf aus Kindertagen, als Mats' Familie als Verwalter auf der Farm der Cecils gearbeitet hatte, oder ein Wettbewerb aus ihrer gemeinsamen Zeit im Internat? Herrgott noch einmal, warum konnten die Dinge nicht EINFACH sein?

Mats faltete seine Hände wieder auf dem Tisch, und Ava startete noch einen Versuch, zu ihm vorzudringen.

»Mats. Niemand hat je etwas so Wundervolles für mich gemacht wie du am letzten Sonntag. Das Baumhaus und jede Sekunde darin mit dir, das war ... einfach unglaublich«, sagte sie leise.

»Aber ...?«, fragte er, ohne sie anzusehen, sein Mund eine harte Linie.

»Ich ... ich bin mir einfach noch nicht sicher, okay?« Dabei war sie sich doch eigentlich sicher. Aber er offenbar nicht ... In ihrem Kopf wirbelten die Gedanken durcheinander, während sie schon sagte: »Bitte lass mir ein wenig Zeit!«

»Zeit, um James Cecil zu besuchen?«, knurrte er.

Ava schloss kurz die Augen und nickte. »Auch. Okay?« Dann flüsterte sie noch einmal: »Okay?«

Er wandte den Kopf ab und sah schweigend über die

Balustrade in das Gewimmel des *Nairobi Village Market*. Unten am Brunnen zog eine Gruppe in rote Shukas gewandete Massai-Krieger vorbei, die ihre Waren vom Markt in ihren Wagen brachten. Stimmengewirr drang zu ihnen hoch – junge indische Mädchen verglichen SMS und lachten, zwei hellblonde Kinder jagten einander, kenianische Geschäftsmänner sprachen geschäftig in ihr Handy.

Mats schwieg noch immer und Ava rieselte es kalt durch ihre Adern. Was würde jetzt kommen?

Sie wollte Mats nicht wehtun und sie wollte sich auch nicht mit ihm streiten. Im Gegenteil: Sie wollte, dass er sich seiner Gefühle für sie bewusst wurde. Weshalb hatte er denn so viel Angst davor, mit ihr zusammen zu sein?

Plötzlich setzte Mats sich kerzengerade hin, und Ava schreckte zusammen, als er knapp sagte:»Okay. Dann fahr zu ihm.«

»Mats. Du kannst mir vertrauen!« *Bitte.*

Mats' Gesichtsausdruck blieb undurchdringlich, als er weitersprach.»Kilima ist unglaublich schön. Wenigstens siehst du dann, weshalb ich dieses Land so liebe. Nairobi ist wie eine Lupe, die Kenia verzerrt. Hier vergisst man, worum es eigentlich geht. Im ganzen Land gibt es kaum einen schöneren Flecken als den, auf dem James' Farm liegt. Ich bin dort aufgewachsen, bis ich aufs Internat musste.«

Ava atmete auf.»Danke, Mats. Und den nächsten Ausflug ins Hochland machen wir zusammen, in Ordnung?«

Er sah sie ernst an.»Gut. Ich vertraue dir. Das ist es mir wert. Du wirst dann schon sehen, was James Cecil für ein Typ ist.«

Ava fühlte sich plötzlich aufgekratzt. Was für ein Chaos – einerseits wollte sie nur bei Mats sein, andererseits hatte sie in der Sache auch nicht klein beigeben wollen. Und außerdem war sie tatsächlich neugierig auf das Wochenende mit James. Sie zwinkerte Mats zu. »Man soll keine Vorurteile haben.« Er grinste jetzt ebenfalls entspannter. »Eben. Bild dir nur dein eigenes Urteil. Wir haben Zeit.«

Plötzlich aber fasste er ihren Kopf und küsste sie kurz und hart. Auf seinen Lippen schmeckte sie die Bitterkeit seines Cappuccinos neben der Süße ihrer Eiscreme.

»Und was den nächsten Ausflug angeht …«, begann er.

»Ja?«

»Ich muss kommendes Wochenende an den *Lake Natron*. Ein amerikanischer Bekannter hat sich dort eine Lodge gebaut, wo ich zweimal im Jahr nach dem Rechten sehe. Ein verrücktes Projekt! Willst du mit?«

»Gern«, sagte Ava. Die Bitterkeit des Cappuccinos verflog und die Süße des Eises blieb, ganz ohne Kälte.

Als sie zum Flora Hostel kam, saß John neben dem Haus des Askari auf dem Bordstein bei der Einfahrt. Er trug neue Jeans und ein sauberes T-Shirt, doch hielt den Blick auf seine offenen Hände gesenkt.

Ava verlangsamte ihren Schritt.

Was tat er da? Wartete er – auf sie?

»*Jambo*, John«, sagte Ava. Er aber schwieg und blickte weiter nur auf seine Hände. Ava sog vor Schreck und Überraschung die Luft ein. Es war das erste Mal, dass er seine Hände nicht sofort versteckte, wenn sie zu ihm trat. Der Anblick war erschreckend: diese Narben. Es waren unzählige, die sich weiß und wulstig über seinen Handrücken und bis hin über seine Handgelenke zogen.

Ava hielt schockiert den Atem an.

John sah nicht auf. Er tat, als sei Ava nicht da, direkt neben ihm, sondern folgte einer Narbe nach der anderen mit seinem Finger, langsam und nachdenklich.

Ava hörte ihn murmeln: »*One. Two. Three ... and you, my sister ...*«

Sie wartete noch ein paar Sekunden neben ihm, denn sie wusste nicht, was sie tun sollte. Ihr Blick hing an seinen Händen. Sie konnte sich nicht von John lösen. Wie hatte er diese Narben bekommen? Was war damals in Uganda geschehen?

John sah auf und durch sie hindurch. Er zählte weiter, in einer leisen, tonlosen Stimme. Der Askari nickte Ava zu und sie ging schließlich weiter. Als sie sich am Eingang zu ihrem Haus noch einmal umdrehte, sah sie John langsam auf das Haupthaus mit dem Office zulaufen. Dort wartete bestimmt Sister Elisabeth auf ihn. Er studierte im Gehen noch immer seine Hände, in denen er etwas sehen musste, was für alle anderen Augen unsichtbar war. Aber was? Ava hatte beinahe Angst vor der Antwort.

Was meinte er mit: *And you, my sister?*

View Point Rift Valley

Das Ferkel quiekte und rannte um sein Leben, denn hinter ihm hetzten gleich vier Polizisten mit gezückten Knüppeln, Macheten und Elektro-Stäben her.

»Das kommt heute Abend in den Kochtopf. Armes Schwein, im wahrsten Sinne des Wortes«, lachte James und lehnte sich in seinem Sitz zurück. Er hatte es offensichtlich nicht eilig, während um ihn herum die anderen Autofahrer in ihren Wagen hupten und schimpften. Sein dunkler Range Rover, mit dem er zu Avas Überraschung selbst beim Flora Hostel aufgetaucht war, steckte hoffnungslos im Freitagnachmittagsverkehr fest. Dazu kam noch, dass es vor dem Sitz des Präsidenten eine Demo gab. Die Demonstranten hatten vor einer halben Stunde über ein Dutzend Ferkel losgelassen und die mussten jetzt erst einmal wieder eingefangen werden!

Ava reckte den Hals. Schon wieder so eine absurde Situation, fuhr es ihr durch den Kopf – draußen prügelten sich Polizisten mit Ferkeln und sie saß im klimatisierten Luxus-Range-Rover! Wie es wohl dem Baumhaus in Mats' Garten ging? Sie schob trotzig die Unterlippe vor. *Cool bleiben.* Aber es versetzte ihr einen Stich im Herzen.

»Wogegen demonstrieren sie denn? Und warum um Gottes willen mit Ferkeln?«, fragte sie.

Wasserwerfer fuhren nun auf und spritzten gnadenlos auf die Demonstranten ein, die sich schlagartig verflüchtigten. Eines der Ferkel wurde von dem Wasserstrahl erfasst und quiekte zum Herzzerbrechen.

James antwortete ihr nur mit einem Schulterzucken: »Das Übliche. Die Korruption hier im Land. Alle Abgeordneten sind gierige Schweine, das ist es, was sie sagen wollen. Das, was sich nie ändern wird. Ein Stamm regiert, ein Stamm wird reich. Die anderen gucken in die Röhre. Das war schon unter Jomo Kenyatta so, dem ersten Präsidenten Kenias nach der Unabhängigkeit. Aber heute ist es noch viel schlimmer! Seine Nachfolger haben dem Wort ›Plündern‹ dann eine ganz neue Bedeutung gegeben. So was hatte die Welt noch nicht gesehen! Und bald sind wieder Wahlen. Hoffen wir, dass es nicht zu solchen Kämpfen wie beim letzten Mal kommt! Dabei sind Tausende von Menschen ums Leben gekommen. Wahlen sind ein feiner Vorwand, um alte Rechnungen zu begleichen.«

Die letzten Ferkel waren von den Polizisten eingefangen worden und der Stau löste sich langsam auf. Das Hupen wurde dadurch allerdings nicht weniger.

»Wenigstens sind die Demonstranten davongekommen«, sagte James. »Mit der kenianischen Polizei ist nicht gut Kirschen essen. Du kannst Jahre einsitzen und auf deinen Prozess warten, wenn niemand für dich bezahlt. Jeder hat hier zum Beispiel schon vom Geckomann gehört. Er sitzt seit fünf Jahren, weil er ein Handy gestohlen hat. Darüber hat er den Verstand verloren, kriecht an den Wänden hoch und ernährt sich von Geckos.«

Ava schüttelte den Kopf. Ihr war kalt. Lag das an der Klimaanlage im Wagen? Oder an der Willkürlichkeit, die James so gelassen beschrieb?

Bald waren sie eine Stunde unterwegs und hatten Nairobi hinter sich gelassen. Rechts und links der Straße wuchsen jetzt grüne Nadelbäume und die Straße schraubte sich weiter und weiter ins Hochland hinein.

You are 3000 m above sea-level, war auf einem Schild zu lesen. 3000 Meter über dem Meeresspiegel!

James bog in Richtung Bottom Road Limuru ab.

»Lass uns hier entlangfahren, wenn du den Grabenbruch noch nicht kennst«, schlug er vor.

»Den Grabenbruch?«

»Das *Rift Valley.*«

Aha, dachte Ava, die durch seine Antwort um nichts klüger geworden war. James schien ihre Verwirrung zu spüren. »Du wirst staunen. Selbst die *Matatu*-Fahrer halten dort an, um Pause zu machen. Und wenn etwas so schön ist, dass es diese knochenharten Kerle rührt, dann soll das was heißen. Gleich sind wir da. Dann haben wir uns einen Tee und ein *Mandazi* verdient.«

»Klingt gut, auch wenn ich nicht weiß, was ein *Mandazi* ist.«

Entgegen ihren Erwartungen schlängelte sich die Straße noch ein ganzes Stück den Berg hinauf, und sie ertappte sich dabei, wie sie auf dem Beifahrersitz ständig nervös mitbremste. Kenianischer Verkehr mit den Lastwagen auf der Gegenfahrbahn und den Fahrern, die überholten, wie ihnen der Sinn gerade stand, war zu viel für ihre Nerven! Nach einer letzten, scharfen Kurve, in der James gerade noch einem ausschwenkenden Bus ausweichen konnte, tauchte ein großes Schild mit der Aufschrift *Viewpoint Rift Valley* vor ihnen auf. James zog den Wagen rüber auf den Parkplatz.

»Uff. Das hätten wir erst einmal geschafft. Bitte aussteigen.« Er sah bereits aus dem Fenster. »Und Augen auf. So, wie noch nie in deinem Leben. Alles klar?«

»Alles klar«, sagte Ava. Was erwartete sie hier? Sie öffnete die Tür, aber blieb vor Staunen sitzen, als sie die Aussicht des *View Point Rift Valley* in sich aufnahm. Es war ein Schlag auf alle Sinne: das helle Licht, die Stille, die kühle, dünne Luft, der Geruch nach Weite.

»Wow«, war alles, was sie sagen konnte, als sie schließlich doch ganz von ihrem Sitz rutschte. Sie sog den Anblick auf, der sich ihr bot: Zu ihren Füßen fielen die Klippen Hunderte von Metern in die Tiefe ab und weit, weit am Horizont erkannte sie die andere Seite des Grabenbruchs. War das dort noch Kenia?

James deutete genau in diese Richtung. »Hier wollte die Erde Afrika in Stücke reißen, doch der Kontinent hat nicht nachgegeben. Er hat sich gedehnt und gestreckt, aber er ist ganz geblieben.«

Wenn James den Mund aufmachte, klangen seine Sätze manchmal wie gedruckt, dachte Ava. Er interessiert sich für

Poesie und fährt Motorradrennen in der Wüste, wenn er nicht gerade geschäftlich als Erbe der größten Farm des Landes unterwegs ist! Was für faszinierende Gegensätze … und doch wollte ihr Herz einfach nicht schneller schlagen, wenn sie neben ihm stand.

Ava blickte wieder auf die Ebene, weit dort unten, zu ihren Füßen: Auf ihr glänzten riesige Seen wie Augen und das Wasser schimmerte rosig. Plötzlich bewegten sich die rosigen Flecken, wurden lebendig und hoben sich in einer einzigen Wolke gen Himmel.

»Das sind Flamingos«, erklärte James, als er Avas erstaunten Gesichtsausdruck bemerkte. »Sie nisten um diese Jahreszeit. Sieht das nicht irre aus? Eine fette fliegende rosa Wolke, in die man sich am liebsten hineinfallen lassen möchte. Zuckerwatte mit Flügeln!«

Ava musste lachen. Der Vergleich gefiel ihr. James zeigte mit dem Finger in die Ferne. »Schau, auf der Ebene siehst du die erloschenen Vulkane.« Er grinste. »Irgendwer hat mal gesagt, das sind die Brüste der Göttin Afrika, die auf ihrem Rücken liegt.«

»Ganz schön viele Brüste«, lachte Ava. Unzählige erloschene Vulkane ragten wie Schornsteine auf einem Flachdach auf der Ebene in die Höhe.

»Die Göttin braucht das, um fruchtbar zu sein. Der Grabenbruch bietet die fetteste Erde in Ostafrika. *Meine* Erde«, fügte er leise hinzu.

Ava schwieg und schaute einfach nur. Mehr wollte sie nicht tun.

»Das ist so schön«, sagte sie schließlich. Sie riss sich nur mit Mühe von dem Anblick los. Es war irre: Ava fühlte sich wie am Anbeginn der Dinge, dem Ursprung der Erde nahe. Es war wie eine Fortsetzung ihrer Gedanken im National Park, als sie zusammen mit Mats auf der Anhöhe angehalten hatten. Mats ... Mit jedem Atemzug der kühlen, dünnen Luft hier oben wurde ihr das Herz weiter. Plötzlich begriff sie, was Mats gesagt hatte: *Vielleicht verstehst du dann, weshalb ich dieses Land so liebe!* Ja, sie verstand. Und wollte es ihm sagen. Hier. Jetzt. Sofort. Plötzlich packte sie die Angst. Hoffentlich war es bei ihrer Rückkehr nach Nairobi nicht zu spät für sie beide.

»Zeit für *Mandazi*«, sagte James und führte sie zu einer kleinen Bank vor einer Bude, die gefährlich nahe an dem senkrechten Abbruch der Klippen gebaut war. Nur einige Augenblicke später schlürfte Ava heißen süßen Tee und aß einen vor Fett und Zucker triefenden Teigkringel, einen *Mandazi*.

In ihrem Körper kribbelte es wieder, als habe sie Champagner im Blut. Das Gefühl schäumte in ihre Seele und ihren Geist. Wenn das Leben so ist, dann wollte sie mehr davon haben, dachte sie, als sie wieder in ihren Kringel biss. Sie sah James an der Bude verhandeln. Irgendwie konnte sie sich auf ihn keinen Reim machen.

Vielleicht kam das noch. Wenn sie es denn wollte! Ihr Smartphone vibrierte in ihrer Jeanstasche. Ava las die Nachricht von Mats.

Wo bist du? Denk am View Point Rift Valley an mich!

Sie seufzte. Die Worte heiterten sie auf und trugen sie auf einer Wolke bis hin zur anderen Seite des Grabenbruchs. Wenn das Leben doch nicht so wunderschön schwer oder so schwer wunderschön wäre!

In diesem Augenblick setzte sich James neben sie und streckte seine langen Beine aus. Ava rutschte etwas beiseite, als sein Handy klingelte. Sie schielte auf die Anzeige. *Tash calling,* las sie und dazu erschien das Bild der Blondine, die in den Ngong Dairys als Madonna verkleidet gewesen war und die so geweint hatte.

»Mist«, sagte James. »Sorry, Ava. Das Gespräch muss ich annehmen.«

Er entfernte sich einige Schritte. Ava lehnte sich etwas zurück und schloss die Augen. Sie genoss die Sonnenstrahlen auf ihrem Gesicht. Beinahe wollte sie schnurren. Doch dann öffnete sie die Augen wieder, denn sie hörte James' Stimme lauter werden, ohne jedoch seine Worte zu verstehen. Er schien sich mit Tash zu streiten. Sie dachte an den Abend im Carnivore, als sie James im kalten Schein der Lichter von Mats' Wagen ebenfalls in sein Telefon hatte reden und gestikulieren sehen. War das auch schon mit dieser Tash gewesen?

Plötzlich griff sie selber zu ihrem Handy und tippte an Mats:
Ja, ich denke am ViewPoint Rift Valley an dich. Und ich verstehe, weshalb du dieses Land so liebst. Ava

Die Antwort erfolgte stehenden Fußes:
Be safe. Lake Natron am nächsten Wochenende. Mit mir. Nur wir beide. Ich denke an dich. Immer. xx M

Avas Wangen wurden vor Freude rot. Was für wunderschöne Worte – beinahe eine Melodie: *Ich denke an dich. Immer.* Das ließ sich summen und singen, den ganzen Tag lang! Sie konnte nicht anders, als zu lächeln, einfach so, nur für sich.

James trat neben sie und steckte mit saurem Gesicht sein Handy weg.

Ava tat es ihm gleich, allerdings mit leisem Bedauern. Am liebsten hätte sie Mats' Worte immer wieder gelesen, sie gestreichelt, sie für die Ewigkeit festgehalten.

»Lass uns fahren«, knurrte James und kippte seinen Tee weg.

Der Askari öffnete das mannshohe Tor, das in den noch höheren Zaun eingelassen war. Schilder warnten vor seiner Hochspannung und entlang seiner Spitze verlief eine dichte Rolle Stacheldraht. Was war das hier, eine Farm – oder ein Gefängnis? Aber Ava schwieg, als sie auf Kilima einrollten. James lenkte den Wagen vorsichtig um die gröbsten Schlaglöcher auf der Matschpiste herum. Die Sonne senkte sich nun und der Busch rechts und links des Weges glühte. Sie kamen an einer kleinen Siedlung auf der Farm vorbei: Die Kinder jagten einem aus Stofffetzen zusammengebundenen Ball hinterher und das Haus mit dem Schild *School* hatte kein echtes Dach. Eine Frau mit einem schweren Holzbündel auf den Schultern machte James ein Zeichen anzuhalten, doch er fuhr einfach weiter.

»Warum hältst du nicht an?«

»Weil ich sonst alle mitnehmen muss. Das kann ich nicht.«

Ava schwieg verwirrt. Wenn man schon nicht allen helfen konnte, dann doch wenigstens einer, oder? Sie drehte sich um und sah die Frau samt Holzbündel in einer Staubwolke verschwinden. Warzenschweine kreuzten die Piste, und vor einer langen Lichtung, die hinunter zum Wasser führen musste, hielt James kurz an.

»Das ist mein Flugstreifen. Wenn ich lande, ist es immer eine Herausforderung, nicht in den See zu rasen. Meine Flugzeuge zeige ich dir morgen.«

Er fuhr langsam weiter, bis sie vor einem lang gestreckten und mit Blech gedeckten Haus zum Stehen kamen.

»Willkommen. Das ist Highland House, mein Heim hier auf der Farm.«

»Highland House? Weil wir hier im Hochland sind?«

Er lachte. »Auch. Vielmehr war es früher ein Stall für Hochlandrinder. Aber sie sind uns alle eingegangen. Weiß auch nicht, weshalb.« Er setzte sich seinen verbeulten Filz-Hut auf das dunkle Haar. Ein wenig sah er damit aus wie »Indiana Jones«, entschied Ava. »Willkommen, Ava. Dies ist mein Zuhause. So weit dein Auge reicht.«

Der Stolz in seiner Stimme war unüberhörbar.

»Danke, dass du mich selbst abgeholt hast«, erwiderte Ava höflich.

»Das war doch selbstverständlich. Mein Fahrer furzt nach seinem Mittagessen immer wie ein Pferd. Das konnte ich dir nicht zumuten.«

Ava sah ihn schockiert an. Meinte er das ernst? Doch James sah auf seine Uhr.

»Was sollen wir jetzt machen? Meine Eltern erwarten uns

erst in zwei Stunden zum Abendessen. Zeit für einen *Sundowner* am See, würde ich sagen. Komm. Gin Tonic auf meinem Flamingo-Felsen?«

»Hm. Gibt es da keine Nilpferde? Ich habe gehört, dass mehr Menschen von Hippos getötet werden als von irgendeinem anderen Tier in Afrika.«

»Stimmt. Nilpferde laufen so schnell, dass sie jedes Opfer einholen und zu Tode trampeln. Aber keine Angst. Die gibt es bei uns nicht.«

Als Ava in ihrem Zimmer den Koffer auf das Bett hob, piepte ihr Handy zweimal. Noch ein Text von Mats? Sie konnte es kaum abwarten, das Telefon aus ihrer Tasche zu holen. Nein. *1 Nachricht Mama*, sagte ihr die Anzeige. Auch schön, dachte Ava und rief die Nachricht auf.

Da ist ein Brief für Dich gekommen. Aus London. Aufmachen? Nachsenden? Geht's Dir gut? Alles Liebe, Mama

Nachsenden, bitte! Ja, sehr gut …, schrieb Ava, ohne weiter darüber nachzudenken.

TASH CALLING

Ava nippte an dem viel zu starken Gin Tonic, den James ihr gemischt hatte. Sie unterdrückte ein Husten. Das harte Gras auf dem Felsen am See pikte unangenehm durch den dünnen Stoff ihrer Chinos in ihren Po. Dennoch, die Aussicht war herrlich: Im Abendwind schlugen kleine Wellen an den grauen Stein des Felsens. Die Flamingos scherten sich weder um James und sie noch um die drei Hunde, die einander japsend am Ufer jagten. James pfiff scharf, als Ava hörte, wie sich neben ihnen das Wasser teilte. Es klang nach einer gewaltigen Welle. Sie wagte kaum, den Kopf zu wenden, und tat es doch. Ihre Finger gefroren um das Glas. Ein Monster hob sich aus den silbernen Wellen des Sees, grau-schwarz und riesig groß. Es hatte nichts Urzeitliches an sich, so wie das Nashorn, das sie zusammen mit Mats im Park gesehen hatte. Das Viech hier war fett, feucht und wirkte ausgesprochen fies: Ein tonnenschweres Nilpferd stand vor ihnen im Ufersand, am Fuß des Felsens, und wackelte mit seinen kleinen Ohren.

Ava wurde der Mund trocken und auch James hatte das Tier nun bemerkt. Er erstarrte in seiner Bewegung, mit der er die Hunde zu sich hatte winken wollen.

»Beweg dich nicht«, flüsterte er.

Hab ich auch nicht vor, dachte Ava, aber brachte kein Wort heraus.

Das Tier musterte sie kritisch aus seinen kleinen schwarzen Augen. Seine Ohren drehten sich, launisch wie ein Windspiel. Ava konnte ihren Blick nicht von ihm lösen: Es wog bestimmt an die zwei Tonnen und könnte sie beide platt walzen.

»Ist das etwa kein Hippo?«, flüsterte sie dann doch und stellte im Zeitlupentempo ihr Glas ab.

»Doch. Um Himmels willen, *beweg dich nicht* und mach jetzt bloß keine Witze«, zischte James und legte seinen Arm vor sie. Schützend, oder um sie zu packen und dem Hippo in den Weg zu werfen?, schoss es ihr durch den Kopf. Wie kam sie auf einen solchen Gedanken? Schrecken vermischte sich mit einem nervösen Drang zu lachen, wie um die Wahrheit zu verjagen. Wenn man es nicht ernst nahm, dann konnte es doch nicht ernst sein, oder? Sie rückte beiseite, weg von James. Sollte das Vieh doch ihn nehmen! Da gab es mehr zu holen als bei ihr, dachte sie bitter.

Avas Herz schlug zum Zerspringen. Was würde nun geschehen? Rief morgen jemand vom Konsulat ihre Mutter an, ein Ferngespräch Augsburg-Nairobi, und nuschelte mit Grabesstimme: »Es tut mir so leid, aber Ihre Tochter ist gestern von einem Nilpferd zertrampelt worden.« Unmöglich!

Sie krampfte ihre Finger in Stein und Grasbüschel. Gab es hier nichts, mit dem sie sich wehren konnte? Kampflos wollte sie nicht untergehen. Konnte sie Kiesel werfen, dem Nilpferd mitten zwischen die Augen? Oder Grasbüschel ausreißen und damit kreischend einen wilden Tanz aufführen? Nein, sie war verloren. Wenigstens saß James bei ihr … James! Wenn sie schon in so einer Lage war, wollte sie dann unter allen Männern dieser Welt mit *ihm* sterben? NEIN, begriff sie und schmeckte Tränen auf der Zunge. Endlich war ihr glasklar, was sie wollte! Wo, verdammt noch mal, war Mats? Nun könnte er ihr seine Liebe an ihrem Grab erklären! Die Wucht der Erkenntnis drückte sie an den Felsen, weg von James. Ja, wenn sie hier sterben musste, dann wollte sie wenigstens Mats noch einmal sehen und die kleinen weißen Lachfalten um seine schönen hellen Augen zählen … ihn halten, ihn fühlen, ihn küssen …

Sie schloss die Augen und riss sie sogleich wieder auf, als sie Schilf brechen hörte. James atmete auf: »Schwein gehabt!«

Rohre krachten, Wasser klatschte und dann war das Nilpferd verschwunden.

»Puh«, sagte Ava. Sie war so unglaublich erleichtert, dass ihr die Knie ganz weich wurden. Ihre Finger entkrampften sich und sie sah auf die Kiesel und das Gras in ihren Händen. Auf einmal musste sie auch lachen. Ihr Inneres fühlte sich an wie ein Wäschestück, das ausgewrungen wurde, aus dem Gefühle tropften und das dann schlapp und verformt dalag. Mats!

James drehte sich zu ihr. »Das wäre das Ende des großen weißen Jägers James C. gewesen!«, sagte er betont lässig.

Der große weiße Jäger, der sie beinahe dem Nilpferd vor die Füße geworfen hätte, dachte Ava: Blödmann.

Die Sonne senkte sich über dem See und sein Wasser nahm die Farbe der Flamingos an. Plötzlich rückte James näher. »Ich weiß ja nicht, wie es dir geht, aber ich finde nichts so romantisch wie ausgestandene Gefahren!«

Er lächelte sie an und in Avas Kopf begannen die Alarmglocken zu schrillen. Was wurde das denn jetzt? James senkte seinen Kopf dem ihren entgegen und Ava wich zurück, als drohte ihr ein Schlangenbiss. Oh nein, nicht das. Kein Kuss! Ganz bestimmt kein Kuss!

Sie sah das Erstaunen in seinem Blick, gerade als sein Handy schrill klingelte, laut und scheinbar fest entschlossen, auch noch die letzte Illusion von Romantik zu töten. Ava unterdrückte ein Grinsen: Auf der Anzeige erschien wieder *Tash calling* und das Bild der Blondine. Die war ja beharrlich ... Gut so!

Sie trank einen großen Schluck von ihrem Gin Tonic, der ihr jetzt gerade stark genug war. Vielleicht nahm sie sogar noch einen Schuss mehr aus der Flasche!

Kurz vor dem Abendessen mit James' Eltern piepte Avas Handy erneut.

Ich koche gerade Pasta Bolognese. Denke an Dich. Immer noch. Verdammter Mist. Ich Blödmann. Mats

Pasta Bolognese! Vielleicht im Baumhaus? Oder auf den gemütlichen, ausgesessenen Chintz-Sofas seines Hauses?

Mats, Mats, Mats, schlug Avas Herz, als sie im tiefrot gestrichenen Esszimmer von James' Eltern am Tisch Platz nahm.

Verdammter Mist und *Ich Blödmann* – da sprach Mats ein großes Wort gelassen aus, dachte Ava, während ihre Sehnsucht nach ihm in ihr wuchs. Das Gefühl war warm, heiß, füllte einen Ballon an Glück, der in ihrem Bauch langsam nach oben zu steigen schien.

Lord Cecils Haus lag auf einer Anhöhe über dem Grabenbruch, doch Ava hatte sich die Aussicht nur grob vorstellen können, denn sie waren bei Dunkelheit von James' *Highland House* beinahe eine halbe Stunde über die Farm gefahren, um zu seinen Eltern zu gelangen. Es war kalt, als sie aus dem Wagen gestiegen waren. Millionen von Sternen funkelten am samtenen Himmel und Zikaden sangen um die Wette: als Jagdhunde der Sterne. Ein Lied, das Mats jetzt auch hörte. Allein. In seinem Baumhaus.

Am Tisch herrschte nun Schweigen, ein Kaminfeuer wärmte Ava den Rücken und sie sah sich im Esszimmer um. Eine große Stehuhr tickte in die Stille, und auf polierten Kommoden standen unzählige Fotos in schweren Silberrahmen, auf denen sie gekrönte Häupter und Hollywoodstars neben den Cecils erkannte. An den Wänden hing eine absurde Anzahl von Trophäen – Elefanten, Büffel, Gazellen –, meine Güte, hatte Lord Cecil die etwa alle geschossen? Er sollte sich was schämen, entschied Ava, ganz egal, wie lange es her war und auch wenn die Jagd damals noch erlaubt gewesen war. *Denke an Dich, Mats* ... wie ein paar Worte sie so glucklich machen konnten. Ihr kam es vor, als hätte sie selten so viel Klarheit in ihren Gefühlen gehabt.

»Miss?«, fragte der Diener leise.

Sie sah erschrocken auf. Irgendwie konnte sie sich noch immer nicht daran gewöhnen, dass die weißen Kenianer alle Angestellte zuhauf hatten. Selbst Mats hatte einen Koch und einen Gärtner …

Ava zwang sich, sich auf die Cecils zu konzentrieren. Schon aus Höflichkeit, wenn schon aus keinem anderen Gefühl heraus.

Der Diener servierte ihr sehr vorsichtig und mit weiß behandschuhten Händen die Suppe mit einer silbernen Schöpfkelle aus der großen Terrine. Ava musterte diskret die vielen Bestecke um den Teller. Himmel hilf, mit was fing sie nun an? Dem kleinen Löffel? Dem großen?

James' Mutter sagte mit seltsam kühler Stimme: »Meine Mutter hat immer gesagt, auf Wasser baut man kein Haus. Aber ich liebe Suppe als Vorspeise. Isst man das in Deutschland auch?«

Ehe Ava antworten konnte, warf James' Vater ein: »Deine Mutter redet ja sonst auch nur Quatsch. Wieso sollte sie auf einmal recht haben?«

Lady Cecil schlürfte beleidigt den ersten Löffel Suppe. »Zu wenig Salz. Schlamper, dieser Koch …«, murmelte sie dann. »Irgendwann feuere ich ihn.«

»Wenn du sonst nichts zu tun hast.« Lord Cecil drehte die Augen zur Decke.

»Was hast du heute gemacht, Pa?«, fragte James beschwichtigend.

Lord Cecil erwiderte: »Was Gescheites, im Gegensatz zu dir. Ich habe meinen Zug repariert.«

»Ihren Zug repariert?«, fragte Ava verwundert. Wovon sprach er? Sie hatte auf der Farm ja vieles gesehen, aber bestimmt keine Gleise!

»Ja. Sie sollten mich morgen in meiner Scheune besuchen kommen, wenn es Ihnen bei James zu langweilig wird. Sie wären nicht die Erste.« Er zog vielsagend die Augenbrauen hoch. Ava verschluckte sich an der Suppe, doch er redete weiter: »Ich habe dort alle Londoner Stationen maßstabsgetreu nachgebaut. Einfach Weltklasse, sogar die Signale funktionieren! Aber gerade vor Kings Cross ist mir ein Gleis gebrochen.« Er brach in ein kurzes, bellendes Lachen aus, in das niemand am Tisch mit einfiel.

»Das sehe ich mir morgen gern an«, sagte Ava höflich. Dabei konnte sie sich nichts Langweiligeres als Spielzeugeisenbahnen vorstellen! »Kann ich dann zum Haus laufen?«

Lady Cecil fiel vor Entsetzen beinahe der Löffel aus der Hand.

»Laufen? Um Gottes willen. Nein, nein, bloß nicht. James kann Sie fahren. Auf der Strecke ist ein Leopard gesichtet worden. Außerdem ...«

»Außerdem was?«, fragte Ava, als die Hunde draußen plötzlich zu bellen anfingen. Nein, bellen war nicht das richtige Wort: Sie kläfften und tobten. In dem Klang lagen Geifer, Zorn und Angst.

»James!« Lady Cecils Stimme wirkte alarmiert. »James!

Weshalb schlagen die Hunde so an? Ist da jemand? Wir haben keine Waffen mehr im Haus ...«

Ava sah auf. Waffen? Wovon sprach sie?

»Keine Angst, Ma. Der neue elektrische Zaun ist sicher«, erwiderte James besänftigend.

Man hörte Männer rufen und die Hunde verstummten plötzlich schlagartig. Auch am Tisch herrschte erneut eine gespannte Stille. Ava hatte keinen Appetit mehr auf die Suppe. War das die große Freiheit auf der Farm? Man konnte keinen Schritt allein tun, denn es lauerten Leoparden auf einen. Dabei ging sie gern spazieren. Und was oder wer sollte mit dem neuen elektrischen Zaun von den Cecils ferngehalten werden? Wie konnte James da von *seinem* Land sprechen? Die Cecils lebten hier eingekesselt und in einem Belagerungszustand.

In diesem Moment flog die Tür zum Esszimmer auf und alle fuhren zusammen: Auf der Schwelle stand die Blondine, die Ava von den Ngong Dairys her erkannte. Sie war tropfnass. Die Regenzeit war anscheinend doch noch nicht vorbei. *Tash calling*, dachte Ava unwillkürlich.

»Tash!« James sprang auf. »Was machst du denn hier? Um Himmels willen, bist du von Nairobi hierhergefahren?!«

Lord Cecil betupfte sich die Lippen. »Sind Sie allein gekommen, junge Dame?«

»Nein«, sagte Tash. Sie griff in ihre Handtasche. Das Wasser triefte von ihren Haaren auf ihre Hände. Ihre Finger zitterten etwas, fiel Ava auf. Warum?

»Wen haben Sie denn noch mitgebracht? Ich sehe niemanden ...«, sagte Lady Cecil mit hochgezogenen Augenbrauen. Tash aber legte triumphierend ein Papier auf den Tisch. Ava reckte wie alle anderen den Hals. Das Bild zeigte ihrer Ansicht nach einen Körnersturm mit einer Bohne darin. »Ich habe Ihren Enkelsohn mitgebracht«, sagte Tash triumphierend. »Es ist ein erster Ultraschall. Aber alles ist in bester Ordnung.«

Bitte hol mich morgen ab, textete Ava vor dem Zubettgehen. In jedem Wort lag ihr Herz. Fühlte Mats es schlagen? Sie fügte noch hinzu: *So bald wie möglich. xx A*
Dein Wunsch ist mir Befehl, antwortete Mats umgehend. *Ich war echt so ein Idiot! Bitte verzeih mir.*
Ich war auch ein Idiot, schrieb Ava zurück.
Dann passen wir ja einmal mehr wunderbar zusammen! Love Mats

Ava schlief unruhig auf Kilima. Sie lag im Traum in Mats' Armen, hoch oben im Baumhaus in seinem Garten. Der Himmel war mit einem Netz aus Sternen überzogen. Unter ihnen jedoch streifte eine Herde Hippos vorbei, wackelte mit den Ohren, schlürfte Gin Tonic aus riesigen Bottichen und rieb sich an dem Baumstamm, sodass ihr die Erschütterung durch Mark und Bein ging. Dann, plötzlich, hörte sie Zweige wie Knochen brechen und sie sah aus dem Baumhaus nach unten: Überall im Garten sprossen weiße Blumen, so wie Ava sie noch nie gesehen hatte. Je näher sie dem Baumhaus kamen, umso mehr jedoch änderte sich ihre Farbe. Sie wandelte sich von Zartrosa in Pink und dann in ein tiefes, drohendes Burgunderrot. Ava sah stumm auf die wachsende wuchernde Masse der roten Blumen, die sich wie ein Wall an das Baumhaus heranschob, und sie wusste, es gab kein Entkommen. Sie öffnete den Mund, um zu schreien, doch sie brachte keinen Laut hervor.

Kein Entkommen, als eine Schneise in diesem Dschungel aufblitzte und sie John entdeckte, der mit einer Machete gegen die Übermacht ankämpfte, ehe auch er von ihr lautlos verschluckt wurde. Bevor er in den Blumen verschwand, sah sie seine Hand, die sich nach ihr austreckte. *One, two, three* klang seine Stimme geisterhaft zu ihr hin. *And you, my sister*, hörte sie noch ein letztes Echo nachschwingen. Es klang wie das Zischen der versengten Nachtfalterflügel.

Halt mich, Mats, dachte Ava, als sie mit klopfendem Herzen erwachte. *Halt mich ganz fest.*

MONDLICHTSCHWIMMEN

»Das habe ich alles nur James zu verdanken.« Mats lachte und küsste Ava, als sie sich enger an ihn kuschelte. »Ich bin ihm dankbar. Hätte ich mir auch nie träumen lassen, dass ich das mal sage!«

Ava genoss den Kuss – gab es etwas anderes auf der Welt, das so zusammengehörte wie ihrer beider Lippen? Wohl kaum. Sie schmiegte sich an ihn. Kein Zweifel: Sie war, wo sie hingehörte. Alles an ihr drängte hin zu ihm, verschmolz mit ihm zu einem Ganzen, Großen, das viel mehr war als nur die Summe seiner Teile. Es war so wunderschön, dass sie es weder wagte, etwas zu sagen, noch, sich zu rühren: Was, wenn der Zauber dann verging? Das könnte sie nicht ertragen.

Mats aber zog sie fester an sich und wickelte gleichzeitig die dicke Daunendecke enger um sie beide. Die Nacht von Karen, die groß und dunkel um sie herum herrschte, war noch immer empfindlich kühl, und in den Blättern des Affenbrotbaumes sammelte sich der Abendtau. Die Luft schmeckte frisch und feucht und es war ganz still bis auf den Ruf der Zikaden. Die Laternen waren erloschen und um sie herum gab es nur die große, dunkle Natur.

»Schön, dass es dich gibt«, flüsterte Mats nun. Seine Finger strichen durch ihre langen offenen Haare und sein Atem war warm auf ihrer Haut, wie ein Streicheln. Die zarten Haare in ihrem Nacken richteten sich auf, und sie presste sich noch enger an ihn – wenn das denn möglich war. Ava seufzte vor Behagen und Mats küsste sie, zart und vorsichtig.

»Ava?«, flüsterte er dann.

»Hm?« Sie sah auf.

»Magst du bleiben?«

»Wie bitte?« Sie versteifte sich unwillkürlich. »Ich weiß nicht ... das geht mir etwas schnell.«

Mats lachte und küsste sie wieder. »Ich meine doch nicht heute Nacht, hier im Baumhaus. Sondern überhaupt. Dein Praktikum endet doch eigentlich bald, oder?«

Sie nickte und konnte plötzlich nichts mehr sagen. Ihr wurde die Kehle eng. Sie wollte nicht gehen. Nicht jetzt, nicht so. Bei allem, was hier ständig los war, hatte sie irgendwie den Überblick über die Zeit verloren. Die Wochen vergingen, einfach so, lösten sich im Nichts auf. Nein, nicht im Nichts. In überwältigenden Erfahrungen, bunt glitzernd wie Schmuck und tief, dunkel und gefährlich wie die unsichtbaren Strömungen eines Nachtwassers. Das war Kenia, dachte sie. Wollte sie bleiben?

»Wie stellst du dir das vor?«, fragte sie und stützte ihren Ellenbogen auf. Mats wickelte sich eine Strähne ihres langen Haares um seine Faust und zog ihren Kopf zu sich herunter.

»Ich meine ... du könntest doch verlängern.« Er stockte

und fuhr sich mit der Hand über die Stirn. »Oh Mann. Wie schwer das ist. So etwas habe ich noch kein Mädchen gefragt. Solo und mir, uns lag immer viel an unserer Freiheit.«

»Ich glaube, auf Neudeutsch heißt das Bindungsangst«, sagte Ava trocken.

Mats lachte. »Nenn es, wie du willst. Gut, dass du ins Hochland gefahren bist. Das hat mir den nötigen Tritt in den Hintern verpasst, und ich habe begriffen, wie lieb ich dich habe.«

»Okay, also deine Freiheit …?«, half Ava ihm weiter. »Wo waren wir stehen geblieben? Und was ist eigentlich mit meiner Freiheit?!«, neckte sie ihn.

Mats räusperte sich. »Mein Haus ist so groß, da kannst du doch mit einziehen. Du hättest auch dein eigenes Zimmer …«

Ava küsste ihn rasch auf beide Mundwinkel, als er das sagte.

»Ich will kein eigenes Zimmer«, sagte sie.

»Ach, besser doch … Mädchen können so zickig sein. Den Schlüssel dazu behalte ich aber. Da kann ich dich bei Bedarf einsperren!«

»*Kenya Cowboy!*« Sie biss ihn zärtlich in die Hand. »Ich nehme einfach das ganze Haus für mich allein. Du kannst dann in Solos Hundehütte ziehen. Wenn er dich reinlässt. Männer, wie Rüden, sind ja sehr territorial.«

»Ist das ein Ja?« Ein breites Grinsen erschien auf Mats' Gesicht. Alles an ihm strahlte, von seinem schönen, vollen Mund bis hin zu den hellen Augen, die wieder von den kleinen Fältchen umgeben waren.

Sie konnte nicht anders und folgte ihnen mit ihrer Fingerkuppe. Sie waren wie eine Spur von allem, das ihn bisher glücklich oder unglücklich gemacht hatte. Ava zögerte. Sie mochte ja viele Fehler haben. Aber wenn sie ihr Wort gab, gab sie ihr Wort.

»Ich weiß es noch nicht, Mats, okay? Ich weiß es einfach noch nicht.«

Wenn er enttäuscht war, ließ er es sich nicht anmerken. Sein Blick tauchte in den ihren, lang und tief. Dann zog er ihren Kopf zu sich, und seine Lippen tasteten über ihren Mund, ein Kosen, das Avas Blut wie Stromschnellen dahinschießen ließ. Seine Arme schlangen sich um sie und ihre Schenkel sich um seine. Alles an ihr leuchtete vor Glück – war sie jemandem schon mal so *nah* gewesen? Mit ihrem Körper, ihrem Geist und ihrer Seele?

Als sie aus dem Kuss wieder auftauchten, waren sie wie eins. Ava fühlte sich mit Mats im Mondlicht treiben, das Baumhaus war ein Kanu, und der silberne Strom, der sie trug, lockte sie mit einem Glitzern, das nicht von dieser Welt schien.

Mats küsste sie noch einmal. »Überleg es dir, Ava. Meine Einladung steht. Und einen Job gibt es dann für dich auch. Bezahlt sogar. Ich spreche mit Eva, in Ordnung?«

Eva … sie dachte an den Grillabend in Augsburg, der ein Leben und eine Welt entfernt schien. Evas Tränen bei dem Gedanken an Kibera – oder Kenia? Hatte Eva dieses Land schon so erlebt wie Ava selbst, in so kurzer Zeit? Vielleicht. Sicher. Dieses Land hier machte kurzen Prozess. Mit jedem.

Ava legte ihren Kopf wieder auf Mats' Brust und hörte

sein Herz schlagen, stark und fest. Er zog die Decke über ihre Köpfe.

»So. Jetzt Licht aus. Die Sterne haben uns genug zugeschaut.«

»Wenn nur die Zikaden auch mal die Klappe halten würden!«

Mats' Brust bebte, weil er wieder lachen musste. Ava schloss die Augen und schmiegte sich noch fester an ihn.

»Und – Mats?«

»Hm?«

»Ich mag bleiben. Hier, heute Nacht, in diesem Baumhaus.«

Ihr Herzschlag mischte sich mit dem seinen, vibrierend und schwingend, wie der geheimnisvolle Ruf von Trommeln, mitten in einer unergründlichen Nacht.

LIEBER EINE CHANCE ALS KEINE

»Da ist ein Brief für dich gekommen«, sagte John.

»Aha. Wo denn?«, fragte sie und wuchtete ihre Tasche für den Ausflug an den *Lake Natron* vor das Office des Flora Hostels. Gleich wollte Mats sie abholen kommen.

»Hier«, sagte John, behielt aber den Brief in der Hand.

»Dann gib ihn mir doch, wenn er für mich ist«, sagte Ava.

»Also gut«, entgegnete John und streckte seine vernarbte Hand beinahe herausfordernd aus. Ava versuchte, bei dem Anblick der Narben gelassen zu bleiben, auch wenn es so gut wie unmöglich war.

Sie warf einen kurzen Blick auf den Brief. Es war ein mittelgroßer brauner Umschlag mit einer Marke darauf, die die Queen zeigte. Darüber jedoch hatte ihre Mutter eine deutsche Marke geklebt und ihn weitergeleitet. Natürlich, das war der Brief, von dem ihre Mutter ihr getextet hatte! London. Das hatte sie ganz vergessen!

Dann jedoch sah sie den Namen des Absenders und er ließ Avas Herz einen kleinen Sprung machen: *Central St. Martins, London.* Von dieser Schule hatte sie ewig nichts gehört, nachdem sie sich dort beworben hatte! Sie biss sich nervös auf die

Lippen. Konnte sie eine weitere Absage einfach so wegstecken? Es war gerade alles so schön. Da musste sie nicht an Misserfolge erinnert werden. Sie wog den Umschlag unentschlossen in der Hand. Er war mittelgroß – das konnte alles und nichts heißen! Absagen waren klein, Zusagen meist groß, weil weitere Fragebögen darin enthalten waren.

In diesem Augenblick fuhr Mats in den Hof des Flora Hostels ein.

»Danke, John«, sagte Ava. Er nickte nur. Sie faltete den Brief und steckte ihn in die Tasche. Es war die Art von Post, die man öffnen musste, wenn man allein war.

Allein und gewappnet für Glück oder Unglück.

»John?«, fragte sie aus einem plötzlichen Impuls heraus.

»Ja?«

»Woher hast du diese Narben?« Sie zeigte auf seine Hände, berührte seine Haut aber nicht. Das wäre zu intim, zu nah gewesen.

Etwas an John, seinem Wesen und seinem ganzen Auftreten verbot das. Er war wie in sich gefangen. Einer Hülle, die John hieß und die in jedem Augenblick alles beinhalten konnte.

Er sah sie an, seine Augen tief wie dunkle Seen. Zwischen ihnen stand die Zeit still.

Doch da hupte Mats noch einmal und Solo bellte.

»Du musst gehen, Ava«, sagte John ruhig. »Jetzt.«

Mats hielt den Wagen an. Der Motor tickte erschöpft und Ava kurbelte ihr Fenster herunter: Vier Stunden Fahrt vom grünen, heißen Nairobi aus – und sie waren auf dem Mond gelandet.

»So etwas habe ich noch nie gesehen«, sagte sie und musste schlucken.

»Ich weiß«, sagt Mats. »Niemand, der hier zum ersten Mal herkommt, hat das. Vom Seeufer aus hat man den besten Ausblick.«

Sie lehnte sich aus dem Fenster und kniff im gleißenden Sonnenschein, der durch die weiße Salzkruste der Wüste millionenfach widergespiegelt wurde, die Augen zusammen. Nach einigen Sekunden nur war ihre Kehle rau wie Sandpapier, ausgetrocknet von dem heißen Wind, der in den Wagen wehte. Es war eine trockene Backofenhitze, wie sie sie noch nie erlebt hatte. Die Haut an ihrem Gesicht spannte und ihre Lippen schmerzten: Sie spürte die Haut sich kräuseln und rissig werden und: Sie hatte Durst. Augenblicklichen, großen, unerklärlichen Durst. Jetzt, sofort, könnte sie den Kanister austrinken, den Mats noch vor der Abfahrt von dem Askari mit frischem Wasser hatte befüllen lassen! Aber sie riss sich zusammen. Nach der Kühle des Morgens in Nairobi war der Gegensatz überwältigend.

Ava legte die Hand über die Augen zum Schutz gegen die gnadenlose Sonne, die sich auf ihren Zenit zubewegte. Vor der flachen, weißen, mit Salzpuder überstäubten Landschaft hob sich der Berg Ol Donjo Lengai in die Höhe. Der erloschene Vulkan wirkte hier wie ein Schlot, der jeden Augenblick wieder Feuer spucken könnte. Er hatte nichts mit den Brüsten der

Göttin Afrika am Grabenbruch zu tun. An seinem Fuß glitzerte der riesige Sodasee im Mittagslicht, und wo sein Wasser den Horizont traf, war es so heiß, dass die Luft flimmerte. Die mattsilberne Oberfläche des Sees lag jedoch nicht still, sondern lebte auf hunderterlei Arten: Pelikane, Flamingos, Albatrosse, Kormorane – Wellen und Luft waren erfüllt von ihren Schwingen und ihren Stimmen, die sich in das zerrende Heulen des heißen Windes mischten. Wie hielten es die Vögel hier aus? Wie machte das die Natur, dass sie Kreaturen erschuf, die sich in dieser Landschaft so wohlfühlten?

Lake Natron schützte sie durch seine Feindseligkeit, begriff Ava. Unwillkürlich musste sie an John denken, verjagte den Gedanken aber gleich wieder.

Mats sah auf seine Uhr. »Gerade mal Mittag. Wenn wir Glück haben, kommen wir zum Tee in der Lodge an.«

»Ist sie so weit weg?« Ava zog den Kopf wieder in den Wagen und war dankbar für den Schatten und die Kühle der Klimaanlage.

»Nicht so weit, nein. Aber die Straßen sind entsetzlich, und ich weiß nicht, was es an Erosion durch den Wind gegeben hat. Da müssen wir langsam fahren.«

Mats ließ den Wagen wieder an und trat aufs Gas. Der Motor zog an. Nichts geschah. Oder doch: Die Räder drehten mit einem Sausen durch.

»Nanu?«, sagte Mats und gab noch einmal Gas, dieses Mal jedoch vorsichtiger.

Ava hörte ein Ächzen in den Achsen des Wagens, in das sich

ein Schlucken mischte. Durch das Auto ging ein Ruck: Mats gab wieder Gas. Der Land Rover tat einen kleinen Satz vorwärts, ehe er mit einem Seufzen wieder nach hinten glitt. Aus dem Grund unter den Rädern, die sich nun nicht mehr drehten, kam ein sattes, schmatzendes Geräusch.

»Mist, verdammter«, knurrte Mats. Er öffnete die Fahrertür und inspizierte den Grund.

»Was ist los?« Ava beugte sich über ihn. Der Wagen sackte tiefer.

»Wir stecken fest. Die Räder sind in den Sodaschlamm gesackt.«

»Aber da kommen wir doch wieder raus, oder?«

»Klar. Ich habe meine Schienen einpacken lassen. Wir müssen sie nur unter die Fahrrille der Räder schieben. Denn so schnell kommt hier kein anderer Wagen vorbei, der dich aus dem Schlamassel zieht.«

Mats stieg aus. Der heiße, salzige Wind griff in seine Locken, und er musste ebenfalls die Augen zusammenkneifen, um vernünftig sehen zu können. Er öffnete den Kofferraum und fluchte erneut.

»Was ist los?«

»Die Schienen sind nicht da. Mein Askari hat vergessen, die Schienen einzupacken! Das habe ich nun davon, dass ich das Gepäck nicht kontrolliert habe!« War da Panik in seiner Stimme zu hören? Mein Gott, wie allein sie hier waren. *Lake Natron* hätte ebenso gut und gerne wirklich auf dem Mond sein können.

Ava zückte ihr Handy. »Soll ich Hilfe rufen?«

Mats lächelte bitter. »Du solltest wohl, aber du kannst es nicht. Willkommen in der alten Welt, in der wir fernab von allem sind. Hier gibt es keinen Empfang für Mobiltelefone und auch kein Internet. Das ist ja eigentlich gerade das Schöne ...«

»Eigentlich?« Sie hörte die Anspannung in seiner Stimme. Das kannte sie von Mats sonst nicht. Mats, der das Land wie seine Westentasche kannte, der besonnen war und ruhig. Was ging hier vor?

Der Wagen sackte unmerklich tiefer. »Was ist das, Treibsand?«, fragte sie und plötzlich überschlug sich ihre Stimme. In der heißen, stillen Luft und in Mats' Schweigen lag etwas, das ihr Angst machte. Furchtbare Angst.

»Nein. Komm raus. Aber ganz langsam, Ava. Wenn du dich im Wagen bewegst, dann sackt er tiefer. So bekommen wir ihn nie wieder raus. Ganz ruhig. Zum Glück haben wir ja Wasser dabei. Lass uns erst mal was trinken und dann sehen wir weiter.«

Er half Ava aus dem Wagen und sie kauerte sich in den Schatten des Autos. Der Wind blies über sie hinweg, als sei sie nur eine Pflanze oder ein Stein mehr auf seinem Weg nach nirgendwo. Ava schlug sich das Tuch, das sie um den Hals trug, vor Mund und Nase. So ging das Atmen leichter. Auf ihren Stiefeln bildete sich nach nur wenigen Sekunden eine weiße Kruste. Als würde auch sie bald ein Teil des *Lake Natron* werden.

Mats hievte den Kanister von der Ladefläche und schraubte

ihn auf. »Hier, du zuerst, Ava«, sagte er. »Entschuldige. Was für ein Schlamassel. Aber wir schaffen das schon.«

»Dafür kannst du doch nichts.«

Er schob die Hände in die Hosentaschen und schüttelte den Kopf. »Doch. Man muss immer sein eigenes Gepäck kontrollieren. Der blödeste Anfängerfehler, der einem passieren kann. Sich auf jemand anderen zu verlassen, kann einen hier draußen noch immer das Leben kosten. Aber jetzt lass uns trinken. Dann können wir entscheiden, was wir tun sollen.«

Er schenkte aus dem Kanister in den Deckel, zögerte, schnupperte an der Flüssigkeit und schrie dann vor Wut auf. »Benzin! Ich fasse es nicht. Er hat den Kanister mit Benzin gefüllt!« Mats warf den Plastikbehälter auf den Boden und gab ihm einen Tritt. »Verdammt. Verdammt noch mal!«

»Heißt das, wir haben kein Wasser?«, flüsterte Ava. Sie sah zu, wie Benzin glucksend auf die Salzkruste tropfte und dort einen dunklen, hässlichen stinkenden Fleck bildete. Nach ein, zwei Atemzügen schnellte sie auf und stellte den Kanister wieder hin. »Wer weiß, wann wir das noch brauchen«, sagte sie leise und musste schlucken. Wie *durstig* man sein konnte, nach nur so kurzer Zeit!

»Du hast recht. Sorry. Den Kopf verlieren hilft nicht weiter.« Mats' Lippen waren nun ebenfalls rissig und in den kleinen Falten um seine Augen sammelte sich weißes, kristallklares Salz. Ava nahm den Geruch des Salzes wahr, der aus dem Wasser stieg. Der beißende Gestank stieg ihr zu Kopf und ließ ihr in der Hitze und dem Durst schwindelig werden. Die Sonne stieg höher und höher am Himmel. Ein glühender Feuerball zur Mittagszeit. Ava stand der Schweiß auf der Stirn, und sie holte die kleine Wasserflasche aus dem Wagen, die sie sich vor der Abfahrt noch eingesteckt hatte. Sie fasste nur einen halben Liter und war bereits zu über einem Drittel leer.

»Wütend sein heißt nicht den Kopf verlieren«, sagte sie dennoch, um Mats zu trösten. »Trink was. Bitte.«

Mats trank einen winzigen Schluck, dann reichte er ihr die Flasche. Sie tat es ihm gleich. Beide schwiegen einen Augenblick und Ava leckte sich die Lippen. Im weißen Licht musste sie trotz der Sonnenbrille blinzeln. Ihre Netzhaut schmerzte. Wie feindlich die Natur dem Menschen sein konnte. Und sie beide waren nun hier – mit einem Wagen, der im salzigen Schlick feststeckte und immer tiefer einsank.

Sie sah Mats wieder an. Er nagte an seiner Unterlippe und zog seinen Kompass aus der Jackentasche. »Was wollen wir tun?« Wie klein ihre Stimme klang inmitten des Schwirrens der Vögel und des Windes, der unablässig brennend an ihnen zerrte.

»Sind wir verloren?«, fragte sie, als Mats nur weiter schwieg. Er sah auf. Sein Blick war fest und entschlossen. Ein seltsames Gefühl durchrieselte Ava – Mut. Sie war mit ihm hier und nicht auf einem Felsen mit James Cecil, der lieber sie dem Nilpferd zum Fraß vorwarf, als sich wie ein Mann zu stellen und zu kämpfen. *Wie ein Mann* – vor ein paar Wochen noch hätte sie über den Gedanken und den Ausdruck nur gelacht. Nun aber gewannen diese Worte eine ganz andere Bedeutung.

Mats zog sie an sich und küsste sie. Sie roch ihn, spürte ihn – was ihr für einen Wimpernschlag lang Glück gab und den Wind und die Angst aussperrte.

»Solange du mit mir zusammen bist und ich mit dir, sind wir auch nicht verloren. So leicht geben wir nicht auf, ja? Aber am Wagen können wir nicht bleiben. Das wäre unser sicherer Tod. Diese Route ist kaum befahren, das weiß ich. Wenn alle zwei Wochen mal ein Wagen vorbeikommt, dann haben wir Glück. Und in zwei Wochen wären wir gepökelt.«

Sie schluckte hart, als sie begriff, was dies alles hier bedeutete: Gefahr. Echte, große Lebensgefahr. Mats musste ihr ihre Gefühle ansehen, denn er wiegte sie ein wenig. »Komm her, Kleines. Wir schaffen das, zusammen. Du und ich, wir sind als Team unschlagbar. Nur Mut«, flüsterte er.

Ava schmiegte sich an ihn, doch fand dieses Mal keinen Trost in der Umarmung: Zu groß war die plötzliche Erkenntnis – und sein Herz schlug so hart wie ihres. Sagte er das nur, ohne es zu meinen? Nein. Nicht Mats.

»Was sollen wir dann tun?«, fragte sie und löste sich von ihm.

Mats sah zum Horizont, an dem sich der Ol Donjo Lengai erhob. Der Berg wirkte so abwehrend, dass es Ava innerlich schüttelte. Es war beinahe wie ein Krampf, und sie hakte ihre Finger in Mats' Rücken, um sich zu beruhigen. Er überlegte noch immer. Sie spürte seine Gedanken, ihr Gewicht zog sie nach unten. Bitte sag jetzt gleich nicht, dass wir laufen müssen, dachte sie, flehte sie stumm. Lieber wurde sie hier gepökelt und wartete im Wagen sitzend eben doch auf Rettung! Mats presste ihre Finger und küsste sie.

»Wir laufen los. Das ist unsere einzige Chance! Nimm dein Tuch mit. Und vor allen Dingen die Wasserflasche. Alle halbe Stunde haben wir Anrecht auf einen Schluck. Mehr nicht. Wir können es schaffen. Bei Sonnenuntergang sind wir an der Lodge. Dort haben wir alles, was wir brauchen. Vor allen Dingen Wasser!«

»Können wir das denn schaffen?« Ava zwang die Tränen zurück. Mats streichelte ihr Gesicht und atmete tief durch, ehe er ihr antwortete: »Ja. Natürlich. Natürlich können wir das schaffen. Lieber eine Chance als keine, okay?«

Ava konnte ihm nichts entgegnen. Nun wehte der unnachgiebige, alles verzehrende Wind auch in ihrem Inneren und nahm alle Gedanken und Gefühle mit sich. Nichts regte sich in ihr, nicht einmal mehr Furcht. So war das also, wenn es wirklich ernst wurde. Keine Panik, kein Geschrei, sondern nach vorn sehen und handeln.

Was konnte sie schon tun, außer Mats zu trauen und zu folgen? Er kannte diese Welt, die ihr mit einem Mal so feindlich und fremd geworden war. Er und sie waren ein Team, machte sie sich Mut. Ein gutes Team, allerdings. Mats setzte sich seine Baseballkappe auf und Ava schlang sich ihr buntes kenianisches Tuch, den *Kikoi*, zum Turban um den Kopf. Als sie sich ihre Jacke zum Schutz gegen die Sonne überzog, schloss Mats den Wagen ab.

»Wir wollen ja nicht, dass die Pelikane darin nisten«, sagte er trocken, doch Ava gelang kein Lächeln. Sie nahm die kleine Wasserflasche und Mats griff nach dem Kompass.

Dann liefen sie los, Hand in Hand und schweigend, immer dem mächtigen Ol Donjo Lengai entgegen, der in Sonne und Salz festgebacken vor Avas Augen wie eine Fata Morgana flirrte. Sie sah auf zu Mats, der grimmig entschlossen wirkte.

»Weißt du, was Tanu dem Tod sagt, wenn er ihr in Kibera begegnet?«, fragte sie ihn leise, während sie ihre Finger dichter in die seinen flocht.

»Nein. Was?« Er blieb noch einmal kurz stehen und sah sie an.

»Nicht heute, mein Freund. Nicht ich.« Sie ging auf die Zehenspitzen und küsste Mats. »Nicht wir«, flüsterte sie, ehe sie weitergingen.

Milch und Blut

Wie lange waren sie schon gelaufen? Ava sah auf ihre Uhr. Es war beinahe vier. Die Sonne hatte noch immer all ihre brennende Kraft, auch wenn ihr Licht weicher wurde und sie nicht mehr so sehr in den Augen schmerzte. Sie stolperte zum dritten Mal in zehn Minuten. Diese Müdigkeit! Sie war so erschöpft wie noch nie zuvor in ihrem Leben. Ein Ermatten, das von tief innen kam und ihr die Kontrolle über ihren Geist und ihren Körper nahm. Sie sehnte sich plötzlich nach dem Land Rover. Sich einfach hinsetzen und nicht wieder aufstehen. Ava hatte es nicht gewagt, sich im Fortgehen noch einmal nach dem Wagen umzudrehen. Das hieße mogeln. Sie hatten ihre Entscheidung getroffen.

»Alles klar?«, fragte Mats und blieb stehen. Seine Stimme klang heiser und auch er sah rasch auf die Uhr, ohne Avas Hand loszulassen. Er hatte im Übrigen ihre Hand kein einziges Mal losgelassen, fiel ihr auf, seitdem sie so liefen. Es fühlte sich gut an, gut und stark: Sie waren eins im Angesicht der Gefahr und der Ungewissheit.

»Ist eine halbe Stunde um?«, fragte Ava und hob hoffnungsvoll die Wasserflasche.

»Nein. Aber: egal. Trink was«, sagte Mats und Ava erlaubte sich einen winzigen Schluck, ehe sie ihm die Flasche reichte. Sie war nur noch zu einem Viertel voll. Inzwischen rumorte in ihrem Magen auch der Hunger, und der Durst machte ihr den Kopf auf seltsame Weise leicht, wie ein mit Helium gefüllter Ballon.

»Wie lange ist es noch?« Sie sah sich um. Die Landschaft hatte sich in den letzten beiden Stunden vollkommen geändert und sie liefen durch eine Savanne, die mit geduckten Schirmakazien und kratzigen niedrigen Büschen bewachsen war. Der Boden war staubtrocken, hell und aufgerissen. Regenzeit, Trockenzeit, all das hatte hier draußen nur sehr wenig Bedeutung.

»Gibt es hier kein Leben?«, fragte sie. Mats schüttelte den Kopf.

»Was gut ist und schlecht.«

»Weshalb?«

»Weil ich nicht will, dass du als Mittagessen für einen Löwen endest. Aber es bedeutet auch, dass wir die Lodge finden müssen. Denn Krale und Hirten gibt es nur sehr wenige hier.«

»Weshalb gibt es überhaupt diese Lodge?«

Mats zuckte die Schultern. »Einer dieser Fälle, wo sich jemand Hals über Kopf in das Land verliebt hat und einen Teil davon für sich wollte. Carlos ist Amerikaner und hat mehr Geld als Verstand. Er hat das Land den dort ansässigen Massai abgehandelt und sich ein unglaubliches Haus gebaut. Dabei kommt er nur alle paar Jahre mal vorbei. Wenn überhaupt. Ich sehe zwei oder drei Mal im Jahr für ihn nach dem Rechten.«

»Weißt du, wo wir sind?«

Mats sah grimmig aus und studierte den Kompass. »Ja. Und nein. Unsere Richtung stimmt, aber der genaue Weg ist mir gerade unklar. Alles sieht so verdammt gleich aus hier. Auch für mich.« Er blickte sich um, die Schultern noch gerade. Doch irgendwie wirkte er mutlos, was Ava nicht wahrhaben wollte. Eine Welle der Zuneigung für ihn erfasste sie. Sie umarmte ihn und lehnte ihren Kopf an seine Schulter.

»Oh, Mats«, flüsterte sie und einen Augenblick lang hielt er sie nur stumm und fest in seinem Arm. Er küsste ihr Haar, immer wieder, während seine Hände ihren Rücken streichelten.

Ava schwieg. Sie wollte sich ihren Atem und ihre Kraft sparen, auch wenn ihre Beine schwer wie Blei waren. Plötzlich aber wurde ihr so schlecht vor Erschöpfung, dass sie Mats losließ und im Schatten einer Akazie in die Knie ging. Das Blut pochte hinter ihren Schläfen und ein ziehender Kopfschmerz breitete sich in ihr aus.

»Komm, Ava. Steh auf. Lass uns weitergehen. In diese Richtung!« Mats zeigte tiefer in den Busch hinein, in Richtung des immer mächtiger wirkenden, erloschenen Vulkans. »Die Lodge liegt auf einer der ersten Klippen des Ol Donjo Lengai. Los. Wir schaffen das!«

»Ich kann nicht …«, sagte sie. Oder bildete sie sich nur ein, es gesagt zu haben?

Mats verschwamm vor Avas Augen. Er streckte ihr die Hand hin und sie sah sie doppelt und dreifach. Sie schüttelte den Kopf, der ihr plötzlich dreimal so groß und fünfmal so schwer wie sonst vorkam. »Ava!« Seine Stimme drang wie aus der Ferne zu ihr hin, nichts als ein verzerrtes Echo, das sie nicht mehr wirklich erreichte. »Du musst aufstehen, Ava. Bitte. Nicht aufgeben. Du darfst nicht aufgeben…wir dürfen nicht aufgeben. Wir schaffen das.«

Was schafften sie? Sie hatte es vergessen. Ava wollte nur noch die Augen schließen. Sie war eine dieser Pflanzen, die sich in der Wüste zusammenkringelten und anscheinend verdorrten, um erst dann wieder zu grünen und zu blühen, wenn es Wasser gab. Wasser … die Zunge schwoll in ihrem Mund und sie wollte sich die letzten Schlucke aus der Flasche einfach in den Rachen schütten.

»Ava!« Sie hörte plötzlich Panik in Mats' Stimme. »Mein Gott, Ava, steh auf. Bitte.«

»Ich kann nicht«, flüsterte sie wieder. »Ich bin dafür nicht gemacht… Hörst du die Glocken?«

»Glocken?« Mats sah sie entsetzt an. »Du halluzinierst…«

»Nein … wirklich.« Ava musste plötzlich kichern. All das hier war irre. Vollkommen irre! »Da kommen Glocken, glaub mir. Sind das Weihnachtsengel?«

Mats schwieg und lauschte. »Ich höre auch Glocken!« Er griff sich an den Kopf. »Jetzt drehen wir beide durch!«

Ava sah an Mats vorbei, hin zu der Anhöhe in seinem Rücken, wo plötzlich eine Gestalt auftauchte: schwarz wie Ebenholz, in glühendes Rot gehüllt.

Die Glocken wurden lauter und Mats fuhr herum. Sie hörte sein Lachen wie durch einen Schleier: ein Lachen, so frei und unvorstellbar erleichtert, dass auch ihre Mundwinkel sich automatisch hoben. Was war denn nur los? Sie blickte wieder hin zu der Anhöhe, wo die Gestalt sich verfestigte und Arme, Beine, Kopf und Hände bekam. Hände, die einen langen Stecken hielten. Hinter ihr tauchten zehn, zwanzig andere Köpfe auf – gekrönt mit langen Hörnern, gebeugt unter einem dicken Höcker in ihrem Nacken und mit Glocken um den Hals, die dumpf läuteten.

Ava setzte sich auf, auch wenn sie nicht wusste, wo sie plötzlich die Kraft dafür herhatte.

»Dein Engel ist ein Hirte!«, lachte Mats. »Ein Massai mit seinen Rindern! Wir sind gerettet. Er kann uns zur Lodge bringen. Du wirst sehen, sie ist mit jedem Luxus ausgestattet. Und es steht ein Jeep dort. Damit können wir unseren Wagen dann aus dem Schlick ziehen!«

Das Dach der Lodge musste schon vor vier oder fünf Monaten eingefallen sein, denn Disteln rankten sich bereits darunter hervor und überwucherten es stellenweise. Von den wuchtigen Balken hingen Fledermäuse, die schlafend im lauen Wind des späten Nachmittags schwankten. Ava sank auf einen Stuhl im ehemaligen Esszimmer der Lodge. Sie wischte den Staub und das Salz vom Esstisch und sah sich um. Tiere hatten auf die Sofas gemacht – große Flecken und kleine bis mittlere Haufen, die trocken bröselten und über den Boden stoben. Nager mussten ihre Nester mit dem Stoff angereichert haben, denn große Stücke davon fehlten.

Ava stützte erschöpft den Kopf in die Hände.

Die Scheiben der riesigen Terrassentüren waren zersplittert und überall lagen Scherben. Auf der weiten Terrasse, die eigentlich einen unglaublichen Blick auf den in der Ferne glitzernden *Lake Natron* bot, war die Verkleidung aus Teakholz gesplittert und ein meterhoher, tiefroter Termitenbau wuchs aus den aufgeworfenen Brettern in den Himmel. Es sah unglaublich aus, fand sie. Unglaublich schön, unter normalen Umständen, aber unglaublich schrecklich angesichts der Tatsache, dass sie hier auf Rettung und Unterkunft gehofft hatten. Obwohl – hatten sie nicht beides gefunden? Nur anders als gedacht. Wenigstens gab es Schatten und Schutz vor der in der Wüste kalten Nacht.

»Jetzt hole ich uns erst mal Wasser«, sagte Mats. »Ich weiß gar nicht, was hier passiert sein kann. Warum ist denn alles kaputt und verlassen? Carlos hat mir nicht Bescheid gesagt, dass er die Lodge aufgegeben hätte ...« Er wandte sich fragend an den Hirten, der ihm wie ein Schatten auf Schritt und Tritt folgte und nur freundlich mit den Schultern zuckte.

Der Massai überragte Mats, der selber groß war, leicht um Hauptesllänge und an seinen nackten Armen und Beinen zeichnete sich jeder Muskel und jede Sehne wie gemeißelt ab. Sein Gesicht blieb ruhig, nichts rührte sich darin, doch irgendwie konnte sich Ava nicht des Eindrucks erwehren, dass ihm die ganze Sache einen Heidenspaß machte. Das hatte sie in Kibera gelernt: Nichts vergnügte die Menschen hier mehr als das seltsame Tun und Lassen der *Wazungus*!

Sie stand auf und folgte Mats und dem baumlangen Hirten in die Küche. Mats ging an einen Schrank und holte drei Gläser heraus, ehe er an den Wasserhahn trat. Der Hirte zog fragend die Augenbrauen hoch.

»Willst du auch Wasser?«, fragte Mats ihn.

Der Mann lachte und schüttelte den Kopf.

»Sicher?«

Der Hirte nickte wieder und biss sich auf die Lippen. Irgendetwas machte ihm gewaltigen Spaß, das war klar.

Mats drehte am Hahn. In der Leitung röchelte es, doch nichts geschah. Kein Tropfen fiel heraus. Ava bemerkte die Spinnweben, die sich vom Wasserhahn weg zur Wand hin zogen. Die waren schon länger hier, so viel stand fest. Von der Wand darüber glotzte sie ein Gecko an.

Der Hirte brach in Lachen aus und schlug sich vor Vergnügen auf die Schenkel. Mats und Ava sahen einander an. Ava fühlte hilflosen Zorn in sich aufsteigen.

»Warum lacht er denn so? Was ist denn so witzig?« Ihr Kopfschmerz wurde wieder stärker.

»*Hakuna Maji. Hapana hapa*«, sagte der Massai und wischte sich die Augen.

»Was sagt er?« Avas Finger krampften sich um die leere Plastikflasche in ihrer Hand. Mats drehte sich zu ihr um und lehnte sich gegen das staubige Becken.

»Es gibt kein Wasser. Nicht hier.«

»Warum nicht?«, fragte er den Mann und Ava hörte den Riss durch seine Stimme gehen. Auch er hatte nun seine Grenzen erreicht. Sie mussten zusammenhalten, dachte sie. Wenn er schwach wurde, musste sie stark sein. Und umgekehrt.

Der Hirte zuckte die Schultern und sprach in einem Schwall von Swahili. Ava verstand davon nur ein einziges Wort: *Shauri*, Krieg, Streit oder auch nur Probleme. *Maji*, Wasser. *Hakuna Maji* – kein Wasser. So viel war klar, dachte Ava trocken. Mats runzelte die Stirn und nickte nur dann und wann. Dann fuhr er sich mit beiden Händen über sein Gesicht. Die Geste wirkte mehr ungläubig als verzweifelt.

»Ich kann es nicht fassen. So ein Esel. Carlos hat sich mit dem Häuptling hier angelegt. Und jetzt hat der ihm das Wasser von seiner Quelle abgedreht. Deshalb ist die Lodge verfallen. Da hätte er mir auch mal Bescheid sagen können, bevor wir uns auf den Weg machen!«

»Hätte er«, sagte Ava leise. Dann wandte sie sich an den Hirten und klaubte ihre Sprach-Kenntnisse zusammen: »*Wapi Maji? Mimi nataka Maji.*« Wo gibt es Wasser? Ich brauche Wasser …

Der Hirte zeigte aus dem Fenster, Richtung Horizont, an dem Ava eine dünne Rauchsäule aufsteigen sah, und sagte etwas zu Mats.

»Dort ist sein Dorf und auch die Quelle«, sagte der. »Er kann uns Wasser bringen. Das und ein Abendessen. Wenn wir das wollen.«

Ava nickte. »Natürlich! Ich sterbe vor Hunger.«

Mats folgte dem Hirten und Ava lehnte in der Tür, bis die beiden im Busch verschwunden waren.

Ava warf einen kritischen und auch furchtsamen Blick nach oben. Wann wachten diese riesigen Fledermäuse dort in den Dachbalken wohl auf? Sie sah die langen, eng an die kleinen Körper gefalteten Flügel und die ernsten, schlafenden Gesichter der Tiere. Sie schwankten in der Abendbrise. Ava lief ein Schauer über den Rücken. Hoffentlich wollten sie von Ava ebenso wenig gestört werden wie Ava durch sie! Am Esstisch wischte sie mehr von dem Staub ab. So, jetzt konnten sie daran sitzen und schön essen. Sie hatte unglaublichen Hunger! Was die Massai ihnen wohl anboten? Reis? Pasta? *Ugali*? Sie hörte ein Rascheln auf den Steinplatten. Als sie den Kopf hob, suchte sich ein schwarzer Skorpion gerade seinen Weg vor dem riesigen Kamin.

Ava setzte sich rasch auf einen Stuhl, zog die Beine an und presste ihre Knie fester gegen die Brust. So kam sie dem Skorpion hoffentlich nicht in die Quere. Da spürte sie etwas in der Tasche ihrer Jacke knistern. Was war das? Sie griff hinein – und zog den Umschlag hervor, den John ihr am Morgen gegeben hatte. Von der Central St. Martins in London, nachgesandt von ihrer Mutter in Augsburg.

Sie hatte den Brief vollkommen vergessen! Hier waren all diese Worte so weit von ihr entfernt wie der Pluto und der Mars. Sie strich den Umschlag sorgsam auf der Tischplatte glatt, aber öffnete ihn noch immer nicht. Vor fünf Wochen noch war ihr nichts wichtiger gewesen, als einen Studienplatz für Kunst oder Design zu bekommen. Nun war alles anders. Mats hatte sie gefragt, ob sie bleiben wollte.

Und sie hatten heute zusammen überlebt.

Sie sah auf. Der Skorpion schlüpfte in eine Ritze an dem riesigen Kamin. Ava atmete tief durch und riss den Umschlag auf.

Dear Ava,

after due consideration of your work we are delighted to invite you for an interview at Central St. Martins on the 30th of September. It will take place at 11 am in the Schiaparelli Room.

Ava sah auf. Der 30. September. Das war in zwei Wochen, wenn sie eigentlich schon wieder hatte zu Hause sein wollen. Sie las weiter. Langsam, Wort für Wort, und die Buchstaben tanzten vor ihren Augen.

Please confirm your attendance. We are looking forward to hearing from you soon.

Yours sincerely ...

Sie saß einen Augenblick lang ganz still an dem noch immer oder schon wieder staubigen Esstisch der Lodge, unter den schwankenden Körpern der schlafenden Fledermäuse. Dann faltete sie den Brief vorsichtig zusammen und steckte ihn zurück in den Umschlag. Sie strich ihn glatt, wieder und wieder. Wie oft, das wusste sie nicht.

Dann endlich sah sie auf.

Wann kam Mats?

Ihr Magen knurrte. Sie würden ein Fest feiern heute Abend, um das Überleben und das Leben selber zu zelebrieren. Aber mit was wohl? Ava lief das Wasser im Mund zusammen. Vielleicht gab es *Nyama Choma*. Wie damals bei ihrem ersten Essen in Kibera. Heute, so war sich Ava sicher, würde sie nichts mehr auf dem Teller liegen lassen.

Beim Melken hatte das Rind noch stillgehalten, aber jetzt, so, auf der Terrasse aufs Kreuz geworfen, das gefiel der Kuh wohl weniger gut. Sie muhte laut, wand sich und ihre Augen verdrehten sich ins Weiße. Ava umklammerte entsetzt den Schlauch aus Ziegenhaut, den Mats mit Wasser gefüllt aus dem Kral zurückgebracht hatte. Es schmeckte kühl, mit einer kleinen Note Schlamm, die Ava jedoch nicht störte. Im Gegenteil, es war so ungefähr das köstlichste Wasser, das sie je getrunken hatte!

Mats setzte sich jetzt auf Anweisung des Hirten auf die Hinterbeine des Viehs und hielt ihm die Hufe zusammen. Der Mann hatte seine anderen Rinder in den Kral gebracht, ehe Mats und er mit nur einer Kuh wiederkamen.

»Wo ist das Abendessen?«, hatte Ava verwirrt gefragt.

»Kommt gleich«, war Mats' Antwort gewesen.

Nun standen sie auf der Terrasse. Über dem Horizont senkte sich die Sonne und tauchte den *Lake Natron*, seine Wüste und den Busch um sie herum in ein Wechselbad von Farben, dessen wilde Schönheit Ava Gänsehaut verursachte.

Oder war es das Schreien der Kuh, das ihr Schauer über die Haut jagte? Sie trank vor Schreck noch einen Schluck. Es war der dritte Schlauch, den sie allein geleert hatte, und Mats ließ sie. »Ich kann noch mehr holen, wenn du willst. Ich habe zwanzig Schläuche gegen einen Kanister Benzin eingetauscht.

Für den Jeep, den der Häuptling sich von der Lodge als Mietausgleich genommen hat.«

»*Sasa*«, sagte der Hirte. So, jetzt, verstand Ava.

Er hatte der Kuh alle vier Hufe zusammengebunden und Mats rutschte auf ihrem sich krümmenden Leib nach vorne.

Der Hirte zog einen kleinen Pfeil und Bogen aus seiner *Shuka*: Ava schlug sich entsetzt die Hand vor den Mund und unterdrückte nur mit Mühe einen Aufschrei. Was jetzt?! Wollte er das Tier etwa töten? Nein, bitte nicht hier vor ihren Augen. Das ertrug sie nicht.

Er zielte kurz auf den Hals der Kuh und traf eine Ader. Das Tier bäumte sich auf, und Blut schoss aus der Wunde, das er augenblicklich mit der hölzernen Milchschale auffing. Es vermischte sich dort mit der frischen Milch, dampfte und gerann zu einer hellrosa Masse.

Ava drehte sich bei dem Anblick der Magen um. Ihre Kehle war wie zugeschnürt und der süßliche Geruch des warmen Gemischs dort in der Schale war überwältigend. Sie würgte. Mats sah sie an und zuckte mit den Schultern. Der Hirte sah sie erstaunt und auch ein wenig ärgerlich an. Ava richtete sich auf und riss sich zusammen. Beleidigen wollte sie ihn nicht.

»*Asante, Mzee*«, sagte Mats noch zu dem Hirten, der nur nickte, der Kuh eine Paste auf die Wunde schmierte und dann ihre Fesseln löste. Einen Augenblick später waren er und das Tier im Busch Richtung Kral verschwunden. Für einen Moment herrschte Schweigen und dann begannen sie gleichzeitig zu lachen. Sie lachten, bis ihnen die Tränen kamen, dort auf der Terrasse, neben dem meterhohen Termitenhügel. Am Horizont versank die Sonne im *Lake Natron* und setzte seine sonst silbernen Wellen in Flammen.

Mats stieß mit seiner Ziegenhaut gegen die ihre. »Prost. Der beste *Sundowner* aller Zeiten!«

Ava trank einen tiefen Zug. Köstlich!

Nun legte Mats Ava zärtlich den Arm um die Schultern. Sie lehnte sich an ihn. Wie immer, wenn er sie berührte, fühlte es sich vollkommen richtig an. So, als gehörten sie beide, ihre Körper und ihre Seelen, zusammen. Nun waren sie beide wieder stark, spürte sie – die Gefahr war ausgestanden. Sie hatten sie gemeinsam überwunden!

»Zu Tisch, Ava.« Mats hob die Schale auf und trug sie an den Esstisch, den Ava mit dem absurd bunten Versace-Porzellan gedeckt hatte, das sie in der Küche gefunden hatte. Dazu hatte sie weiße Leinenservietten gefaltet, deren Brüche schon etwas gelb geworden waren, und Kerzen brannten in silbernen Leuchtern. Im Kamin hatte Mats Feuer gemacht – zum Glück gab es Streichhölzer im Haus! In mit einer feinen Staubschicht überzogenen Gläsern schimmerte tief und rot ein *Château Margaux* aus den 80er-Jahren, den Mats im Keller der Lodge gefunden hatte.

Über ihren Köpfen regten sich die Fledermäuse. Sie entfalteten ihre Flügel, enthakten die Krallen von den Dachbalken und waren so schnell und lautlos aus der Lodge geglitten, dass Ava nicht einmal mehr die Zeit blieb, sich vor den Tieren zu fürchten.

»Ja. Zu Tisch«, sagte sie dann. Im Schein der Kerzen, aus dem Versace-Porzellan gelöffelt, mit einem Schluck *Château Margaux* und vor allen Dingen dank Mats, der ihr gegenübersaß, schmeckte auch die halb geronnene, lauwarme Mischung aus Milch und Blut gar nicht so schlecht.

Sonne, Mond und Sterne

»Ist dir warm?«, flüsterte Mats und breitete das Federbett über ihnen beiden aus.

»Nicht warm genug«, erwiderte Ava und schmiegte sich an ihn. Die kalte Nachtluft der Salzwüste drang in das Schlafzimmer – das Dach war abgedeckt und die Türen aus den Angeln gehoben worden. Wer wusste, welche Verwendung all das jetzt im Kral fand! Über ihnen wölbte sich weit der samten dunkle Nachthimmel, an dem so viele Sterne standen, dass Ava vom Hinaufsehen beinahe schwindelig wurde. Zuvor hätte sie nie gedacht, dass es überhaupt so viele Sterne gab!

»Weshalb sie das Bett wohl stehen gelassen haben?«, fragte Ava.

»Massai schlafen nicht in Betten.«

»So ein Unsinn. Worin schlafen sie denn dann?« Ava stützte sich auf ihren Ellenbogen.

»Auf einem Stück Holz.«

»Du machst dich über mich lustig!« Sie kniff Mats zärtlich in den Arm.

»Au! Nein. Ernsthaft. Sie schieben sich einen kleinen Hocker unter den Nacken, der wie ein T aussieht. Das solltest du auch mal probieren. Jetzt wo du schon Milch und Blut probiert hast.«

Ava verzog den Mund, ehe sie Mats ernst ansah. »Mats?«

»Ja?« Sein Blick tauchte in ihren und Ava wurde leicht schwindelig. Hier draußen, das fühlte sich an, als seien sie allein auf der ganzen großen Welt. Einmal mehr, und doch ganz anders als noch am Nachmittag, als ihr Leben auf dem Spiel gestanden hatte.

»Warst du dir heute wirklich so sicher, dass wir es schaffen würden? Ich meine, *wirklich* sicher?«

Ein Wimpernschlag verging. Er strich ihr die Haare aus dem Gesicht, die offen über ihre Schultern und die Träger ihres weißen Tops fielen. Dann schüttelte er langsam den Kopf.

»Nein. Das war ich nicht. Wer weiß, wenn der Hirte nicht gekommen wäre … Wir hatten nicht genug Wasser, um es zu schaffen. Dabei waren wir nicht weit weg von der Lodge. Nur nicht auf dem richtigen Weg.«

Ava schwieg einen Moment, um das Ausmaß der Worte in sich aufzunehmen.

»Weshalb hast du diese Sorge dann nicht mit mir geteilt?«

»Es langte doch wirklich, dass ich Angst hatte«, sagte er schlicht.

»Dann war der Hirte tatsächlich ein Engel«, murmelte Ava.

»Ja, das war er«, sagte Mats nachdenklich.

Er zog Ava zu sich hinunter und küsste sie sanft. Seine weichen, vollen Lippen kosteten die ihren, langsam und liebevoll, und Ava spürte es warm durch ihre Adern rieseln. Sie erwiderte seine Zärtlichkeit, und alles, was sie am Tag ausgestanden hatte, alle Furcht, wurde nun hier in der Nacht in Mats' Armen zu Mut: Sie hatten es geschafft. Zusammen.

Mats knabberte zärtlich an ihren Lippen, und sie seufzte, als seine Zunge in ihren Mund kam. Gab es eine bessere Art, das Leben zu feiern, als hier, so in seinem Arm, allein unter den Sternen der weiten Salzwüste? Gleichzeitig aber hatte sie auch Angst – oder nein, keine Angst, sondern eine Vorahnung, groß und wunderbar ... Hier lagen sie, allein auf der Welt und unter den Sternen. Musste da nicht passieren, was passieren sollte, aber was Ava bisher noch nie getan hatte?

Mats' Kuss wurde fordernder und vertrieb ihre Gedanken. Er zog Ava auf sich. Ihr ganzer Körper bedeckte den seinen, Zentimeter für Zentimeter, und als seine Fingerkuppen über ihren Nacken und ihre Schultern streiften, jagte Schauer nach Schauer über ihre Haut. Sie legte ihre Arme um seinen Kopf und tat, was sie nur tun wollte – ihn küssen, küssen, küssen ... während seine Hände an ihren Seiten hinabglitten und sie streichelten.

»Deine Finger sind magisch ...«, flüsterte sie und er ließ seine Hand zwischen ihr Top und ihr Höschen gleiten. Wärme strömte in Avas Rücken, als er ihre Haut streichelte. Es war, als würden sie eins. Ava schloss die Augen und fühlte nur Mats auf dieser Welt.

»Das ist Streicheltherapie«, raunte er. »Es ist so wundervoll, dich zu berühren.«

Er schob Ava sanft herum, sodass sie auf dem Rücken lag.

Er beugte sich über sie und erforschte mit seinen Lippen ihren Hals und die kleine Senke, wo er auf ihre Schlüsselbeine traf. Gänsehaut breitete sich auf ihrem Körper aus und Ava konnte nicht anders, als leise aufzuseufzen. Das war so wunderschön. Dieser Augenblick sollte nie vergehen ... nie. Sie flocht ihre Finger in seine Locken und küsste die Haut, die sie erreichen konnte – seinen Hals, seine Schultern, alles an ihm, egal was, sie wollte es spüren.

Seine Finger glitten wieder langsam, ganz langsam unter ihr Top. Sie schloss die Augen und bog den Kopf nach hinten, um sich ganz in der Liebkosung zu verlieren: die Finger, die die Rundung ihrer Brust erforschten und denen seine Zunge und seine Lippen nun folgten. Sie wollte die Augen nicht öffnen, um all ihre anderen Sinne seiner Liebe zu öffnen.

So war das also, das Gefühl, das sie bei Mogens nie gehabt hatte. Dieses absolute Wollen. *Ihn* wollen und keinen anderen ... Mats! Seine Zunge war warm auf ihrer Haut. Langsam legten sich seine Lippen um ihre Brustwarzen und er saugte daran, vorsichtig. Ava bäumte sich vor plötzlicher Lust auf. Es fühlte sich einfach so groß an, hier zu liegen und das Leben zu feiern, wenn man eben dem Tod entgangen war. Ihre Angst und ihr Zögern verflogen: Mats lag auf ihr, und es fühlte sich an, als habe sich ihr Körper sein Leben lang nur nach diesem Gefühl gesehnt, diesem Gewicht und dieser Lage. Ava zitterte, als Mats sie wieder nach hinten auf die Kissen gleiten ließ.

»Pst ... alles in Ordnung. Ich bin bei dir. Wir sind zusammen«, flüsterte Mats. »Darf ich?« Er zog ihr das Top über den

Kopf und umarmte sie dann, um sie in der Nacht zu wärmen. Sie beide knieten nun auf dem Bett und Ava presste sich an ihn.

»Mats …«

»Ja?«, wisperte er.

»Ich … ich meine … ich habe noch nie …« Er hob ihr das Gesicht an und in seinen Augen spiegelte sich all seine Zärtlichkeit wider. »Du musst mir sagen, wenn ich aufhören soll.«

»Nein. Ich meine, du sollst nicht aufhören!«, keuchte sie, als einer seiner Finger plötzlich unter den Bund ihres Höschens schlüpfte.

»Dann musst du mich erforschen, so wie ich dich«, flüsterte er ihr zu.

»Dein Wunsch ist mir Befehl«, lächelte Ava.

»Du bist einfach viel zu frech …« Er küsste ihren Hals und saugte die zarte Haut dort, bis Ava dachte, es nicht mehr ertragen zu können. Das Blut raste durch ihre Adern, und ihre Finger wanderten nun über seine Schultern und seinen breiten Rücken, erkundeten jede Hebung und jede Mulde. Wo sollte sie ihn berühren … Hier? Da? Dort? Überall, flüsterte ihr Begehren, das sich so unsinnig in ihr ausbreitete.

Seine Hände legten sich nun auf ihren Hintern und Ava seufzte. Ihre Haut dort war lebendig vor Lust und sie spürte sich warm und feucht werden.

Sie musste lächeln. Einfach so, nur für sich. Wie gut er roch! Und wie weich seine Haut war, dort am Rücken, an seinen Armen … und … Ava nahm allen Mut zusammen und ließ ihre Finger ebenfalls in seine Boxershorts gleiten. Mats seufzte auf, und es gefiel ihr, dass es ihm gefiel. Ihr Herz schlug wie rasend. »Ich will dich so sehr«, flüsterte er. »Gefällt es dir? Hast du keine Angst?«

Ava schüttelte stumm den Kopf, ließ sich nach hinten auf die Kissen gleiten. Mats hielt einen Augenblick inne und griff nach seiner Tasche, aus der er ein Kondom hervorholte. Dann kuschelte er sich neben Ava und begann erneut, ihren Hals zu küssen. Ein Schauer lief durch Avas Körper und sie streifte ihm nun die Boxershorts ganz ab.

Wie herrlich es war, ihn überall zu spüren, sein Verlangen nach ihr und all seine Zärtlichkeit und Liebe. Ihre Schenkel öffneten sich wie von selbst und Mats drang langsam und vorsichtig in sie ein. Ava verspannte sich einen Augenblick lang. Doch dann gab sie sich dem neuen Gefühl ganz hin. Es war überwältigend und anders als alles, was sie gehört oder gelesen hatte. Es war, was es war … Ava konnte nichts mehr sagen oder denken, sie wollte nur ihn so fühlen, ein Leben lang.

»Alles klar, Ava?«, wisperte Mats und küsste sie, ehe er langsam begann, sich in ihr zu bewegen. Sie bekam beinahe Angst vor ihrem eigenen Mut und ihrem Verlangen, das sich ganz auf ihn richtete. In ihr schwoll etwas an, das sie mit sich riss und ihr nun alle Gedanken nahm. Es pulsierte in ihr und Mats bewegte sich plötzlich schneller, dann schrie er leise auf und sie spürte ihn erschauern.

Ava atmete in die stille große Nacht und schlang ihre Arme

um seinen vor Schweiß feuchten Nacken. Ihre Körper klebten aneinander. Sein Atem ging heftig in den ihren. *Mats, Mats, Mats,* schlug ihr Herz. Konnte sie von ihm je genug haben?

»Ich liebe dich«, flüsterte er in ihr Ohr und die Worte stiegen hoch in die klare Nacht, dem Mond und den Sternen entgegen. Ava rollte sich zu einem Ball zusammen und kuschelte sich an Mats. Ihr Kopf war voll von Leben und Liebe. Sie hielten einander fest umschlungen, bis sie eingeschlafen waren.

FRAGEN ÜBER FRAGEN

»Mein Gott, hattet ihr ein Glück, dass der Hirte vorbeigekommen ist«, sagte Tanu. Ava und sie hatten sich einen Tee gemacht und saßen mit angezogenen Knien auf dem alten Rattan-Sofa auf Mats' Veranda. Der versuchte gerade vergeblich, Solo auf dem Rasen das Männchenmachen beizubringen.

»Wie seid ihr dann wieder zu eurem Wagen gekommen?«

»Am nächsten Morgen kam der Häuptling selbst vorgefahren.« Ava spürte eine leichte Röte über ihre Wangen fliegen, als sie den Tag nach *ihrer* besonderen Nacht erwähnte. »Das heißt, der Mann stand im kompletten traditionellen Gewand im Wagen und ein anderer fuhr ihn. So etwas Prachtvolles wie diesen Häuptling habe ich noch nie gesehen. Dieser Schmuck! Seine Ohrläppchen hingen ihm beinahe bis zu den Schulterblättern.«

»Das glaube ich dir. Die Massai halten sich aufgrund ihrer Schönheit für von Gott auserwählt. Arrogante Bande«, lachte Tanu.

»Sie brachten uns zu unserem Wagen am See, und ich weiß echt nicht, wie sie sich in dieser Mondlandschaft dort so gut auskennen können. Aus der Lodge hatten sie Metallplanken mitgenommen, die sie unter unsere Reifen schoben. Wir waren in Sekundenschnelle aus dem Salzschlick raus. So, als wäre nie etwas gewesen. Dann nahm sich der Häuptling den Benzinkanister und sie düsten mit Vollgas und in Schlangenlinien durch die Wüste davon.«

»Und wenn das Benzin alle ist, nisten wahrscheinlich die Hühner in dem Jeep!« Tanu blies über ihren heißen Tee. Dabei ließ sie Ava und auch Mats nicht aus den Augen. »Seid ihr … ich meine, seid ihr jetzt … zusammen?«

Ava nickte. Einfach so. Keine Furcht mehr, von keiner Seite, weder von Mats noch von ihr. Er bangte nicht mehr um seine Freiheit und sie hatte endlich das Gefühlschaos in sich entknotet. Ja, sie waren zusammen.

»Und was willst du tun? Eigentlich solltest du doch kommende Woche wieder heimfliegen«, bohrte Tanu weiter. Woher wusste sie so genau, was Ava bewegte?! Vielleicht sah man es ihr an der Nasenspitze an!

»Mats hat mich gefragt, ob ich noch bleiben will.«

Tanu setzte sich auf. »Ava! Wie schön! Willst du das denn?«

Ava sah stumm nach draußen in den Garten, dessen Gras nach der Regenzeit ein sattes Grün angenommen hatte. Drillingsblumen rankten sich violett und pink glühend am Haus hoch, Trompeten-Blüten hingen, vom Tau feucht, beinahe bis ins Gras und am Feuerbaum öffneten sich die ersten glühend orangen Knospen. Die Sonne warf Flecken auf die dichten Büsche, die das Grundstück gegen Windy Ridge abtrennte. Mats rollte sich mit Solo auf dem Rasen. Auf dem Tisch unter dem Affenbrotbaum, durch dessen Zweige das Baumhaus zu erkennen war, lagen die Unterlagen für den nächsten Workshop. Sie planten ein Mini-Musical mit den Kindern.

Ava wurde warm vor Glück: Wie schön all dies war. All dies, zusammen mit Mats. Konnte es einem Menschen besser gehen? Dennoch blieb sie Tanu eine direkte Antwort schuldig. Die Frage war aber auch so groß!

Aus Verlegenheit blätterte sie in der Zeitung, die gefaltet zwischen ihr und Tanu lag. Ihr Blick fiel auf eine große Anzeige, über deren Text zwei Vögel eine riesige Schleife hielten. Wow. Kitschiger ging es nicht mehr. Dann las sie:

The engagement is announced between the Hon. James Cecil, only son of David, fourth Lord Cecil and his wife Lady Antonia, née Bailey, of Kilima Estates, Nakuru, and Miss Natasha Campbell-Jones, daughter of Colonel Nicholas Campell-Jones and his wife Anna, née Reed, of Hambeldon, Berkshire, UK.

»Nein!«, entfuhr es Ava überrascht. Sie las die Anzeige noch einmal, ehe sie diesen Wurmfortsatz an offiziellen pompösen Worten verstand. James hatte sich verlobt! Mit Tash! Hatte sie also doch bekommen, was sie wollte.

Ava grinste. Sie faltete die Zeitung und ging hinaus in den Sonnenschein, um Mats zu umarmen.

»Und, Ava, was stand denn in dem Brief aus London? Ich platze vor Neugier.« Die Stimme ihrer Mutter klang heiter durch das Telefon.

»Ach ... nichts Besonderes.« Ava schluckte. »Sie haben mich an *Central St. Martins* zu einem Interview eingeladen.«

»Nichts Besonderes?! Central St. Martins ist eine der besten Kunsthochschulen der Welt. Wenn nicht die beste! Wie fabelhaft! Ava! Gut gemacht. Ich bin so stolz auf dich. Wann ist das Interview denn?«

»Am 30. September.«

»Gut. Dann hast du ja ein paar Tage, an denen du hier ausspannen kannst, ehe du nach London fährst. Oder, weißt du was? Wir fahren zusammen nach England! Mutter und Tochter. Wie lange haben wir *das* nicht mehr gemacht?! Ich buche uns ein süßes Hotel.«

»Mama?« Ava nahm all ihren Mut zusammen.

»Ja?«

Ava zögerte. Wie sollte sie ihrer Mutter sagen, was sie sagen wollte?

Ich werde am 30. September nicht in London sein. Und ich werde auch nicht auf Central St. Martins gehen, weil ich hierbleibe. Erst einmal zumindest. Mal sehen. Vielleicht für immer.

Das klang so schön. Aber schon im nächsten Moment verlor Ava den Mut. Sie wusste genau, was ihre Mutter zu der Idee sagen würde, bei einer kleinen Wohltätigkeitsorganisation zu jobben, statt an der weltbesten Kunsthochschule zu studieren. Ava wollte es nicht hören. Auf jeden Fall nicht jetzt!

»Nichts«, sagte sie deshalb.

»Gut, mein Schatz. Toll, toll, toll, das mit Central St. Martins. Es geht nichts über eine gute Ausbildung. Das kann dir keiner mehr wegnehmen. Nie mehr. Glaub mir! Ich muss aufhören, Ava. Hab dich lieb, meine Große.«

Klick. Aufgelegt. Ava legte frustriert ihr Handy beiseite. Sie warf sich auf ihr Bett im Flora Hostel und sah dem altersschwachen Ventilator beim Drehen zu.

Warum war es manchmal so schwer, die richtigen Worte für etwas zu finden, das doch so einfach war?

ONE, TWO, THREE ... AND YOU, MY SISTER

Mats und Ava kuschelten auf dem Sofa und sahen sich eine DVD an, als plötzlich David, der Askari, gegen das Fenster klopfte. Ava schreckte auf. Wie lange hatte er dort schon gestanden? Es regnete in Strömen und das Rauschen des Wassers schluckte jedes andere Geräusch. Vor den Gittern war es bereits dunkel geworden und Mats sah rasch auf die Uhr.

»Hm. Schon zehn. Was ist denn los?« Er öffnete das Fenster und Ava hörte ihn leise mit dem Askari reden. Dann nickte Mats nur, verließ den Raum und sperrte eine der Gittertüren hinaus in den Garten auf.

Ava runzelte verwundert die Stirn und angelte nach ihren Schuhen, die sie achtlos abgestreift hatte. Mats zog sich seine Regenjacke über und ging mit dem Askari in den Garten. Ava verharrte noch einen Augenblick auf dem Sofa und lauschte. Plötzlich näherten sich wieder Stimmen dem Haus. Ava erkannte David, Mats und ein Mädchen, das weinte.

Tanu!

Ava sprang auf. Hatte sie sich etwa um diese Zeit ein *Matatu* genommen? Aus Kibera? Das war doch viel zu gefährlich!

»Schnell, komm, du bist ja ganz nass! *Asante*, David«, dankte Mats noch dem Askari. Der zog sich seinen Regenmantel dichter über den Kopf und lief dann zum Tor zurück. Der Schein seiner Taschenlampe tanzte noch über den Rasen, als Ava in den Eingang trat.

Tanu hing an Mats' Arm, vollkommen durchweicht und in Tränen aufgelöst.

»Mein Gott. Was ist denn passiert?« Ava legte ebenfalls den Arm um sie, zog sie mit sich in das warme und helle Zimmer. »Mats, geh ihr bitte trockene Kleider holen. Irgendwas von dir. Jeans und ein Hemd oder so. Sie ist bis auf die Haut durchweicht!«

Sie riss die Decke vom Sofa und schlang sie der nassen Tanu um den Leib. Die stand einfach nur stocksteif in der Mitte des Zimmers und ließ alles mit sich geschehen.

»Was ist passiert?«, wiederholte Ava und zog ihre Freundin weiter zum Sofa. Tanu aber schüttelte nur den Kopf und erneut rannen ihr Tränen über die Wangen. Ava legte ihr die Arme um die Schultern und hielt sie ganz fest. »Sag es mir, Tanu. Dann geht es schon besser. Glaub mir«, bat sie.

Tanu sah sie an, die Lippen zitternd und die Augen groß und vom Weinen rot geschwollen.

»Kumi«, flüsterte sie dann.

Ava wurde kalt. Dennoch zwang sie sich, Tanu weiter fest im Arm zu halten. Es ging hier nicht um sie, es ging um ihre Freundin.

»Was ist mit Kumi?«, presste Ava mühsam hervor.

»Sie ist tot«, sagte Tanu und begann nun zu zittern. Die Reaktion hatte nichts mit der Nässe und Kälte zu tun, verstand Ava. Tanu schüttelte den Kopf und legte sich die Finger an die Stirn. »Sie ist heute Nachmittag einfach eingeschlafen und nicht mehr aufgewacht. Ich meine, sie hat seit Tagen gehustet und hatte hohes Fieber ... unsere Hütte ist nicht mehr richtig trocken geworden ...«

Ihre Worte erstarben oder wurden von ihrem Zähneklappern übertönt.

Tanu schluchzte nun verzweifelt auf und klammerte sich an Ava, die ihren Kopf in ihre Halsbeuge zog. Erst schloss Ava die Augen, dann sah sie alles in dem Zimmer mit übergroßer Deutlichkeit: Solos warmen, trockenen Hundekorb, die dicken Vorhänge, die die Kühle der Regenzeit ausschlossen, den Kamin, in dem Mats angeschürt hatte und in dem ein behagliches Feuer schwelte.

In ihrem Kopf drehten sich die Worte im Kreis: Tanus Hütte war einfach nicht mehr trocken geworden. In der Feuchtigkeit hatte die kleine Kumi sich wohl eine Lungenentzündung geholt, hatte zu husten begonnen und nie wieder aufgehört. Bis heute Nachmittag, als sie erschöpft von ihrem kleinen Dasein einschlief.

Ava hatte einen bitteren Geschmack im Mund und ihr wurde leicht übel. Sie war froh, dass sie saß: *Kumi – war – tot*. Worte, die sich wie ein Meißel in ihre Seele trieben, und sie spürte, wie sie zersplitterte. Ja, sie hatte das Kind nur einmal gesehen, an dem Nachmittag in der Hütte. Aber der Augenblick hatte sich ihr unauslöschlich in seiner Absolutheit eingeprägt. Und auch das Verständnis, dass es für so viele Menschen wie die kleine Kumi einfach kein Entkommen gab.

Ava wischte sich die Tränen von den Wangen. Kumis Tod stand mit einem Mal für so viel mehr. Mehr, als sie momentan erfassen oder ausdrücken konnte. Mats trat wieder ins Zimmer und reichte Ava die trockenen Kleider.

»Warte nebenan auf uns«, sagte sie zu ihm. Dann nahm sie all ihre Kraft zusammen und zog die zitternde, weinende Tanu aus, streifte ihr erst das T-Shirt und dann den Pulli von Mats über. Sie versank darin, aber egal. Tanus Beine zitterten so, dass Ava kaum die schmutzige, mit Matsch bespritzte Jeans abziehen konnte. Aber schließlich gelang es ihr. Als ihre Freundin wieder komplett angezogen war, kauerte Ava sich auf den Teppichboden neben Tanus Füße. Die saß weiterhin unbewegt auf dem Sofa und reagierte kaum, als Mats mit einem Tablett heißem süßem Tee hereinkam.

Ava sah zu ihm auf. »Kumi ist tot«, flüsterte sie. Mats stellte das Tablett ab, und umarmte sie stumm. Sie klammerte sich an ihn. Plötzlich war sie wieder dort in Kibera, vor nur ein paar Wochen, an Tanus Hütte. Das allmächtige Gefühl der Scham und der Nutzlosigkeit kam wieder über sie. Weshalb hatte sie nichts getan? Was hätte sie tun können? Plötzlich dachte sie an ihren Ausflug nach Kilima und an die Frau mit dem schweren Holzbündel auf dem Rücken, die bei James hatte mitfahren wollen. *Wenn ich sie mitnehme, muss ich alle mitnehmen, und das kann ich nicht ...*

Großer Gott, dachte Ava nur.

»Wer ist bei deinen Geschwistern, Tanu?«, fragte sie.

»Sita passt auf. Kumi ist schon geholt worden …« Langsam erwachte Tanu aus ihrer Erstarrung und griff nach Avas Hand. »Erinnerst du dich, wie wir über den Glauben gesprochen haben, Ava?«

Die nickte, und Tanu suchte erst nach ihrer Stimme, ehe sie weitersprach.

»Sie ist jetzt bei Gott im Himmel. Kumi ist uns nur geliehen worden. Ich habe ihr immer gesagt, dass sie als Kind im Himmel spazieren gegangen ist und durch ein Loch in den Wolken gefallen ist. Das hat sie jedes Mal zum Lachen gebracht. Sie hat es jetzt warm und trocken. Daran glaube ich ganz fest …« Tanus Stimme verlor sich, doch dann fügte sie noch hinzu: »Das glaubst du doch auch, oder, Ava? Und du, Mats?«

»Ja, das glauben wir auch«, sagte Ava. Sie wollte aufstehen und Mats mit dem Tablett helfen. Das glauben wir auch – die Worte raubten ihr die Kraft. Ihre Knie gaben unter ihr nach und ihr wurde schwarz vor Augen.

Mats fing sie gerade noch auf.

Sie spürte noch den festen Druck seiner Arme und dann nichts mehr.

»Ist es Malaria?«, hörte sie Mats fragen. Später. Es musste später sein. Viel später.

»Nein. Grippe, vielleicht. Viel eher aber Erschöpfung. Sie braucht Ruhe und halten Sie sie warm«, sagte eine andere, sehr englische Stimme. Kannte sie die Stimme? Nein. Nie gehört, entschied sie aus ihrem Dämmerzustand heraus.

»Danke, Doktor ...«

Ava blinzelte unter ihren Wimpern hervor. Ihre Lider waren so schwer, als lägen Gewichte darauf. Jedes Mal wenn sie versuchte, die Augen zu öffnen, klappten sie einfach wieder zu. Ganz wie von selber. Aber dann erkannte sie doch etwas, wenn auch nur schemenhaft: Ein Mann verließ das Zimmer.

Mats setzte sich zu ihr ans Bett und strich ihr über die Stirn. Ava nahm all ihre Kraft zusammen und schlug die Augen ganz auf. Sie wollte ihn sehen. Etwas Gutes, das sie glücklich machte. Mats lächelte ihr zu, doch sie hatte nicht die Kraft, es zu erwidern, auch wenn alles an ihr sich nach ihm sehnte.

»Mats ... ist das wirklich passiert? Ist Kumi wirklich – gestorben?«

Er nickte. »Ja. Sie ist tot. Tanu schläft nebenan. Ich habe ihr eine heiße Milch mit Honig gemacht und ihr eine Schlaftablette hineingeschmuggelt. Solo hält bei ihr Wache.«

Ava fühlte sich glühend heiß.

»Was habe ich?«, fragte sie mühsam und hob eine Hand von dem Laken, um seine Finger zu drücken.

»Du stehst unter Schock. Aber ich kümmere mich um dich. Um euch beide!« Er küsste sie sanft. »Willst du noch etwas?«

Ava schüttelte den Kopf.

»Ich stehe seit meiner Ankunft unter Schock, glaube ich, Mats.«

»Wie meinst du das?«

»Alles hier ist unglaublich ... meine ich.«

Er sah sie stumm an, ehe er zögerlich sagte: »Das Leben hier hat alles zu bieten. Es ist voll und groß. Aber man zahlt einen hohen Preis dafür, denke ich. Jeder, irgendwann. Niemand kommt ungeschoren davon.«

»Wie kannst du das so ruhig sagen?« Ava fröstelte.

Mats steckte seine Hände in die Hosentaschen und starrte auf den Fußboden. »Ich kenne es nicht anders, Ava. Ich würde nirgendwo anders leben wollen als hier. Dafür bin ich bereit, meinen Preis zu zahlen.«

Ava wusste darauf keine Antwort. Sie kaute still auf ihrer Unterlippe herum. Dann sagte sie leise: »Ich will jetzt schlafen, Mats.«

»Das kannst du am besten allein«, sagte er leise und zärtlich, ehe er sie küsste. Sie spürte selbst, wie heiß ihre Lippen unter den seinen waren. Mats schlich auf Zehenspitzen aus dem Zimmer und schloss die Tür hinter sich.

Bleib, wollte sie sagen, brachte aber keinen Ton heraus. Stattdessen sah sie auf die Sonnenflecken, die auf dem alten Holzfußboden des Zimmers tanzten. Im Garten wippten die Baumkronen. Der Regen hatte eine kleine Pause eingelegt und plötzliches Sonnenlicht brach seine Tropfen in Hunderte von schimmernden Prismen. Affenhochzeit nannte man das hier, das hatte sie gelernt. *Monkeys Wedding.* Hinter dem Reigen aus Licht und Farbe ballten sich jedoch schon drohend die nächsten Wolken am Horizont, schwer und dunkel, bereit, alles Leuchten zu schlucken. Bereit für das nächste Unwetter. Jetzt, zum Ende der Regenzeit, fuhr die Natur noch einmal ihre ganze Batterie auf.

Hatte sie Malaria? Nein, das wusste sie. Stand sie unter Schock? Nein, das wusste sie ebenfalls.

Sie rollte sich zur Seite, weg von dem Fenster und hin zu der verblassten Blümchentapete. Plötzlich wusste sie: Ihre Krankheit hatte einen anderen Namen.

Sie hatte Kenia.

Himmelhoch jauchzend und zu Tode betrübt, ein Wechselbad der Gefühle, in das sie sehenden Auges trat und untertauchte. Achterbahn, ohne angeschnallt zu sein. Ein Höhenrausch, bei dem jederzeit mit einem Absturz gerechnet werden musste. Und sie fürchtete die Schwärze des Schlunds, in den sie gerade stürzte.

»Sie müssen selbst zu uns in das Büro von Kenya Airways kommen, wenn Sie Ihren Flug stornieren wollen. Es ist leicht zu finden. Wir sind auf der Kenyatta Avenue. Bringen Sie Ihren Pass und Ihr Ticket mit. *Asante!*«

Die Frau von Kenya Airways hatte aufgelegt.

Ava seufzte. So viel zum Thema *E-Commerce* in Kenia. Wo war denn nur ihr Pass? Ach ja, bei Sister Elisabeth. Sie hatte ihn im Safe des Büros aufbewahrt.

Ava schlüpfte in eine Jacke, um in dem leichten Kleid nicht zu frieren. Morgens war es in Karen immer kühl, weil dieses Viertel von Nairobi eines der am höchsten gelegenen war.

»Wohin gehst du, Ava?« Mats sah von seinem Computer auf.

Ava trat zu ihm und wuschelte durch seine Locken. »Ich muss meinen Pass aus dem Flora Hostel holen. Wegen des Flugtickets.«

Mats stand auf. »Dann kannst du auch gleich dein Zimmer kündigen ...«, sagte er mit frohem Grinsen. Kein Zweifel, als Gott den Charme ausgeteilt hatte, hatte Mats gleich dreimal »Hier!« geschrien.

»Hm«, sagte Ava, die noch immer nicht mit ihrer Mutter gesprochen hatte. Am besten tat sie das, wenn sie das Ticket storniert hatte. Gegen vollendete Tatsachen gab es wenig einzuwenden. Und zwischen ihr und dem mütterlichen Zorn lagen dann schließlich Tausende von Kilometern.

»Bis später, meine Süße. Pass auf dich auf. Ich brate uns einen Viktoriabarsch zum Abendessen, ja?« Mats lächelte sie noch einmal an, ehe sich eine konzentrierte Falte zwischen seinen Augenbrauen bildete. »Tanu hat mir übrigens getextet. Sie kommt morgen wieder zur Arbeit.«

Ava wusste nicht recht, was sie erwidern sollte, und da war Mats auch schon wieder in seine Mails versunken. Ava schnappte sich den Schlüssel zu dem Land Rover und ließ den Wagen an, als Solo noch an der Tür kratzte. Sie ließ ihn auf den Passagiersitz springen und fuhr los.

Der *Askari* grüßte sie, als sie in den Hof des Flora Hostels einrollte. Es stimmte, sie konnte gleich ihr Zimmer dort kündigen. Sie lebte nun bei Mats, mit Leib und Seele, Haut und Haar. Ava parkte, stieg aus und Solo folgte ihr über den Hof in das Haupthaus. Eine Schwesternschülerin wischte den Boden und lächelte Ava schüchtern an. Alles war still.

Ava klopfte an die Tür von Sister Elisabeths Büro, in dem Licht brannte und der Ventilator sich drehte: So viel konnte Ava durch die kleine, in die Tür eingelassene Fensterscheibe erkennen. Doch es kam keine Antwort.

»Sister Elisabeth?«, fragte Ava und dann, aus einem Instinkt heraus: »John?«

Solo kratzte an der Tür. Von drinnen hörte Ava nun doch etwas, doch sie konnte es nicht genau definieren. Es war eher der Schatten eines Geräusches als alles andere. Ein Krächzen, wie von einem verletzten Tier.

Sie stieß die Tür auf und blieb dann wie erstarrt stehen: Auf dem Tisch stand die Kasse offen und einige Scheine lagen auf der Schreibfläche. Sister Elisabeth aber hing in der Luft, gegen die Wand gepresst. John hielt sie an der Kehle. Die langen weißen Narben an seinen Händen sprangen Ava an. Sie wanden sich wie Schlangen um seine sehnigen Handgelenke.

»John!«, rief sie. »Lass sie sofort los! Sofort.«

John fuhr herum. Er blickte Ava an, als hätte er sie noch nie gesehen.

»*No! Out!*«, brüllte er mit weit aufgerissenen Augen. Ava zuckte ob des schneidenden Tonfalls zusammen. Es klang wie beim Militär. Sister Elisabeth wandte mit Mühe den Kopf. John hielt sie in einem eisernen Griff gefangen und Ava sah die Furcht in den hervorquellenden Augen der alten Nonne. Ihre Füße strampelten.

Was konnte sie tun? Oh Gott! Gegen John hatte sie keine Chance. Sie wich zuerst zurück, aber ballte dann die Fäuste. »Lass sie los!«, schrie sie. »Du Monster!«

Auf dem Gang hörte sie Schritte herbeieilen. Das gab ihr Mut und sie sprang auf John zu und riss an seinem Arm. Solo knurrte bei ihrem Schrei, fletschte die Zähne und sprang John ebenfalls an. Der verlor das Gleichgewicht, prallte gegen den Schreibtisch und fiel dann zu Boden. Für einen Moment blieb er wie betäubt liegen. Dann schüttelte er den Kopf, als sei er aus einem bösen Traum erwacht. Tränen liefen ihm über das Gesicht.

Solo hielt ihn weiterhin mit gefletschten Zähnen in Schach. Das Fell stand ihm im Nacken in die Höhe und John hob abwehrend die Hände.

»*Umwa mzuri* ... guter Hund ... guter Hund ...«, hörte Ava ihn murmeln.

Sie lief zu der alten Nonne, die ebenfalls zu Boden gefallen war, und richtete sie nur mit Mühe auf. »Sister Elisabeth! Geht es Ihnen gut? Hat John Sie verletzt?«

Die Schwester öffnete den Mund und würgte einige Male, ehe Luft pfeifend in ihren Rachen fuhr. Sie bekam wieder etwas Farbe in ihrem Gesicht. In diesem Augenblick stürzte auch die Schwesternschülerin von draußen herein. John beachtete niemand.

»Was war denn los? Sister Elisabeth! Ist alles in Ordnung? Soll ich die Polizei rufen?«, fragte das Mädchen.

»Bloß nicht«, krächzte die alte Frau und betastete ihren

Hals. »Es geht schon wieder. Macht bitte nicht so ein Aufheben ...«

Ava hörte ein Schluchzen und fuhr herum. Da saß John und heulte nun, während Solo sich weiterhin vor ihm aufgebaut hatte. Der Junge bedeckte sein Gesicht mit den Händen. Ava wurde plötzlich unfassbar zornig auf ihn. Was tat ihm Sister Elisabeth nicht alles Gutes? Und dann griff er sie an und brachte sie fast um! Was war denn nur mit ihm los? Nicht auszudenken, was passiert wäre, wenn Solo und sie nicht zufällig vorbeigekommen wären!

Sie ballte wieder die Fäuste. »Steh auf«, fauchte sie ihn an. »Setz dich auf den Stuhl da. Ich hole den Askari. Der kann dich rausschmeißen. Hier will dich niemand mehr sehen. Du kannst schauen, wo du bleibst!«

John gehorchte, doch seine langen Beine und Arme zitterten nun. Er setzte sich mit Mühe auf den Stuhl und sein Brustkorb hob und senkte sich sichtbar unter seinen mühsamen Atemzügen. Nach einigen Sekunden faltete er mit ruhigem Gesichtsausdruck die Hände vor sich auf den Tisch. Ava wollte die Augen abwenden, doch es ging nicht. Etwas Hässliches, Verstörendes ging von Johns Händen aus. John aber strich über seine gezeichnete Haut: »*One, two, three ...*«, murmelte er. »*And you, my sister ...*«

Sister Elisabeth trat nun neben ihn. Ihre Schritte waren wackelig und ihre Hände zitterten: Sie berührte ihn an der Schulter. John murmelte weiter, als spüre er sie nicht. Als sei nie etwas geschehen.

»Was zählt er da?«, fragte Ava verständnislos.

Sister Elisabeth seufzte. »John war in Uganda ein Kindersoldat. Die Rebellen haben sein ganzes Dorf ausgelöscht und alle Kinder mitgenommen. Jede Narbe an seiner Hand steht für einen Menschen, den John hat töten müssen. Er hat sich selber verwundet, um den Schmerz zu überwinden. John war neun Jahre alt, damals ...«

John stockte. Er legte sich die vernarbten Hände auf die Ohren und schloss die Augen. Dabei wiegte er sich hin und her. Dennoch rannen Tränen über seine Wangen. »*And you, my sister*«, sagte er wieder und wieder.

Elisabeth sah Ava an und schüttelte den Kopf. *Frag nicht,* las die im stummen Ausdruck von Elisabeths Augen. *Frag nicht. Es ist zu viel.* Zu viel, um zu fragen, zu viel zu antworten.

Ava gehorchte, stumm vor Entsetzen.

John verkreuzte die Arme auf dem Tisch und verbarg seinen Kopf darin. Er weinte.

Ava fasste Solo nun am Halsband. »Sitz, Solo«, sagte sie mit rauer Stimme. Der Hund gehorchte.

»Es ist alles gut, John«, sagte Sister Elisabeth nun. Sie legte ihm die Hand auf die zuckenden Schultern. »Du musstest es tun. Gott liebt dich dennoch ...«

John öffnete unter dem Singsang der alten Nonne die Augen und schaute Ava an. Die sah in seinem Blick den Wald der roten Blumen wuchern, für immer unausrottbar.

»Kann ich gehen? Kann ich Sie mit ihm allein lassen?«, fragte Ava leise.

Sister Elisabeth blickte sie an, ihr kleines Gesicht alt und müde. »Ja, Ava. Gott beschützt mich«, sagte sie dann, ehe sie sich wieder ganz auf John konzentrierte.

Als Ava in den Wagen stieg, hatte sie ihren Pass in der Hand. Sie legte ihn in das Handschuhfach, wo sie sich auch die Adresse von Kenya Airways auf einem Zettel notiert hatte. Solo machte es sich auf dem Nachbarsitz bequem und legte seine Schnauze neben die Gangschaltung. Seine feuchten braunen Augen suchten Avas Blick und sie tätschelte seinen Kopf.

Dann sah sie noch einmal zum Büro, wo nun alles ruhig war. Sie spürte wieder die Müdigkeit des Vortages über sie kommen und legte ihre Stirn auf das warme Lenkrad. Ava atmete einfach und dachte nach. Wie lange sie so saß, wusste sie nicht.

Schließlich richtete sie sich auf. »Dann lass uns mal fahren, Solo.«

Ava drehte den Zündschlüssel im Schloss und warf einen letzten Blick auf das Haupthaus des Flora Hostels: Abschied nehmen.

Bis wir uns wiedersehen

Es war mitten in der Nacht, als Ava erwachte. Mats atmete neben ihr, ruhig und regelmäßig.

Sie lag einen Augenblick lang ganz still und spürte das Heben und Senken ihrer eigenen Brust. Dann stand sie auf und ging lautlos zum Fenster. Auf dem Rasen lag Solo in einer Pfütze aus Mondlicht. Auch er schlief. Die hohen Bäume zeichneten sich schwarz gegen das sanfte Dunkelblau des Himmels ab, an dem die Sterne noch leuchteten, aber bereits an Kraft verloren. Wie viel Uhr mochte es sein? Nach drei Uhr bereits? Die Stunde, in der aus kleinen Sorgen große und aus großen Sorgen unüberwindbare Hindernisse wurden. Woran dachte sie?

Ava ging auf Zehenspitzen zu dem Stuhl, an dem ihre Jacke hing. Aus der obersten Jackentasche zog sie wieder den Brief des Central St. Martins. Seitdem sie ihn zum ersten Mal gelesen hatte, trug sie ihn bei sich. Leicht, nein, leicht machte sie es sich nicht.

In der Dunkelheit konnte sie die Worte nicht lesen, aber sie kannte sie auswendig. Fast wollte sie sie flüstern. Ava trat wieder an das Fenster und setzte sich davor auf den Teppich. Sie kreuzte die nackten Beine und atmete tief durch. Dann glitten ihre Finger über den Brief, wie über Blindenschrift. Die Bewegung öffnete eine Schleuse in ihr: Erinnerungen, ihre Eindrücke von allem, was in den letzten beiden Monaten geschehen war, schwemmten über sie hinweg: ihre Ankunft, als sie Mats zum ersten Mal sah. John. Der Schock von Kibera. Der Abend mit James. Kumis Leiden. Mats und sein Baumhaus. Der Besuch bei James im Hochland und nun seine überstürzte Verlobung. Der *Lake Natron*, an dessen Ufern sie beide beinahe ihr Leben verloren hatten. Tanu, die zu ihnen kam, und Kumi, die starb. Und schließlich der Schlüssel zu Johns Narben. Ja, sie hatte Kenia. Für immer und ewig. Was auch immer geschah, unvergesslich.

Ava sah hin zum Bett, wo Mats noch immer schlief.

Lautlos liefen ihr nun die Tränen über die Wangen. Sie wischte sie nicht weg und schmeckte Salz auf ihren Lippen.

Er rührte sich. Im Schlaf tastete seine Hand über das Bett, dort, wo sie liegen sollte. Ava regte sich nicht. Auch dann nicht, als Mats sich schlaftrunken aufsetzte, das Licht anschaltete und nach seiner Uhr griff.

»Ava. Was ist denn los … Es ist doch mitten in der Nacht«, sagte er sanft.

Sie schüttelte den Kopf. »Ich weiß. Aber ich kann nicht schlafen. Ich muss mit dir sprechen, Mats.«

Er sah sie stumm an, ehe er sagte: »Also gut. Aber komm bitte her und kuschle dich dabei wenigstens an mich. Ich kann das nicht ertragen, wenn du so weit von mir entfernt bist. Sei bei mir. Dann lässt sich alles leichter sagen.«

Tanu umarmte Ava im Wagen. Ihre Augen glänzten feucht. »Versprich mir, dass du wiederkommst! Bald …«

»Natürlich. Alles, alles Gute. Ich weiß, Tanu, du kannst alles schaffen, was du dir vornimmst. Wenn ich wiederkomme, bist du fertige Buchhalterin!«

Tanu nickte und biss sich auf die Lippen. Dann stiegen Mats und Ava aus. Es war im Morgengrauen und Avas Flug ging in etwas über zwei Stunden. Ihr Herz flatterte. Was tat sie da? Mats! Er spürte ihren Zwiespalt und schlang seine Arme um sie.

»Ich liebe dich, Ava«, flüsterte er. »Komm bald wieder.«

Sie nickte, vor Tränen blind. Dann schluckte sie und versuchte, tapfer zu sein. »Ich werde lieber abgeholt als weggebracht.«

»Ich weiß. Aber ich tue einfach beides, ganz egal, was du willst. Ich bin immer da für dich, überall«, sagte Mats und wischte sich selber die Augen. »Verdammt«, murmelte er.

Solo legte seinen Kopf durch das heruntergekurbelte Fenster auf die Tür.

»Allerdings bist du das nächste Mal dran …«, fügte Mats hinzu.

»Das nächste Mal?«, fragte Ava erstaunt. »Wann wird das sein?«

Mats zog mit einem unsicheren Lächeln ein Papier aus seiner Brusttasche.

»Am Abend des 30. Septembers. Ich lande in Heathrow. Hoffentlich gerade rechtzeitig, um mit dir zusammen deine Aufnahme an der Central St. Martins zu feiern …?«

Er sah sie an, seinen Herzschlag im Blick. Ava wurde die Kehle eng. Träumte sie das?

»Ava. Du glaubst doch nicht, dass ich ein Mädchen wie dich einfach so abreisen lasse? Wenn du nicht bleibst, dann muss ich eben zu dir kommen ...« Erst nickte sie, dann schüttelte sie den Kopf, dann tat sie beides.

Und dann lachten sie zusammen unter Tränen, ehe seine Lippen sich auf ihre legten. Lang und liebevoll: Es war ein Vorschuss auf alles, was sie bei ihrem Wiedersehen in London erwartete. Ava schmeckte dennoch das Salz ihrer eigenen Tränen in dem Kuss. Sie konnte es jetzt schon nicht abwarten, wieder in seinen Armen zu liegen. Sie griff nach ihrem Koffer. Mats nahm ihn ihr augenblicklich ab.

»Denkst du an mich?«, flüsterte sie dann.

Er nickte. »Natürlich. Immer. Bis wir uns wiedersehen.«

Ava schluckte hart. Um Mats füllte sich der weiße Tag mit den starken Farben Afrikas. Marabus flogen in die Bäume um den Flughafen und falteten ihre Schwingen eng um den Körper. Die gewaltige, glühende Sonne stieg am Himmel nach oben, ein grandioser Feuerball ...

»Ja«, flüsterte Ava. »Bis wir uns wiedersehen.«

Die Wohltätigkeitsorganisation »Farbe zum Mut« ist frei erfunden. Inspiriert wurde sie aber sowohl von »OneFineDay e.V.« als auch von »Anno's Africa«.